CB046018

ANTES
TEMPOS
DEPOIS

Roberto Cavalcanti de Albuquerque

ANTES
TEMPOS
DEPOIS

JOSÉ OLYMPIO
EDITORA

© *Roberto Cavalcanti de Albuquerque, 2007.*

Reservam-se os direitos desta edição à
EDITORA JOSÉ OLYMPIO LTDA.
Rua Argentina, 171 – 1º andar – São Cristóvão
20921-380 – Rio de Janeiro, RJ – República Federativa do Brasil
Tel.: (21) 2585-2060   Fax: (21) 2585-2086
Printed in Brazil / Impresso no Brasil

Atendemos pelo Reembolso Postal

ISBN 978-85-03-00964-5

Capa: Luciana Mello e Monika Mayer

CIP-Brasil. Catalogação-na-fonte
Sindicato Nacional dos Editores de Livros, RJ.

A313a	Albuquerque, Roberto Cavalcanti de, 1939-
	  Antes tempos depois: pequenos ensaios / Roberto Cavalcanti de Albuquerque. – Rio de Janeiro: José Olympio, 2007.
	  Pequenos ensaios publicados entre 2000 e 2005 no *Diário de Pernambuco* e no *Jornal do Commercio*
	
	  ISBN 978-85-03-00964-5

07-0543	1. Crônica brasileira. I. Título.
	CDD – 869.98 CDU – 821.134.3(81)-8

SUMÁRIO

Introdução 11

História

Antes: o legado da pré-história 17
Vozes d'África 20
O primeiro repórter 23
O diálogo dos 500 anos 26
A biblioteca dos reis 29
A Restauração Pernambucana 31
A história do século XX 34
Moradas da memória 36
Nabuco e as mutilações da História 39
O Brasil na Segunda Guerra 42
Breve história da Tacaruna 45
Por ti América 48

Artes

Esplendores de Espanha 53
Surrealismo: a razão desafiada 56
Estética da audácia 58
O centenário de Verdi 60
Mozart, 250 anos 62
Eckhout e o Palácio Friburgo 65

O Brasil de Post e Vingboons   68
Tesouros de São Bento, Olinda   71
Duas cidades   73
Num piscar de olhos   75
José de todos os santos   78

Economia

Capitalismo bem-temperado   83
A nova riqueza das nações   86
O "espírito" do capitalismo   89
A economia do conhecimento   92
Crescimento sustentado?   95
O Brasil sob risco sistêmico   97
Agruras da abertura   99
A dívida pública, um sumidouro   102
Ciência, tecnologia, inovação   105
A síndrome do baixo crescimento   108
Velho Recife, nova economia   110
O estado de uma nação   113

Política

Ética e política   119
Conciliação, reformas   122
Um governo eclético?   125
O governo Lula: desafios   128
A República dos Municípios   131
Por que um segundo turno?   134
Ainda as eleições (e além delas)   137
Corrupção, ética e sociedade   139
Os intelectuais e a política   142

Homens, Livros, Letras

Euclides: um paraíso perdido   147
Centenário de *Os sertões*   150
Outros Gilbertos   153
Morte e vida severina   155
Montaigne e os canibais   157
Os 400 anos de *Dom Quixote*   160
Nassau e o barroco   163
Marília de Dirceu   166
Posse na Academia   170
Dois destaques editoriais   172
São Gerardo   175
Aloísio, vinte anos depois   177
O centenário de um vôo   180
Sartre hoje   183

Cidades, Regiões, Países

Uma cidade densa   189
O Recife metrópole   192
Domínios do Recife   194
Buenos Aires, capital da cultura   197
A Amazônia do Norte   200
Os vários Nordestes   202
Portugal, progresso e riscos   205
O futuro de Pernambuco   207
O Brasil do Hemisfério Norte   209
Viabilidade de Suape   212
Atração de investimentos   214

Relações Internacionais

A globalização segundo Gilpin   219
Pensar a paz: América   222

Saudades da Guerra Fria   224
O futuro político da Europa   227
Ordem ou desordem mundial?   230

Cultura Popular

Salve a arte popular   235
A Feira de São Cristóvão   237
A arte do povo: Jarbas Vasconcelos   239

Questões Sociais

Educação: uma nova escola   243
As desigualdades de renda   245
Soluções para o desemprego   248
Pobreza e fome   251
Bolsa família: a vez dos pobres?   253
Pernambuco e a exclusão social   255
Toritama e o Fisco   258
Crime e violência   261
Velhas secas, novos sertões   264

Instituições

Por uma Justiça moderna   269
Quem tem medo da Alca?   272
O Ministério das Cidades   275
Réquiem para a Sudene   278
A Sudene rediviva   280

Meio Ambiente

Desafios da biodiversidade   285
Água para o semi-árido   288
O futuro da Amazônia   291

PROSPECTIVA

Por um projeto de país   297
Além da retórica do crescimento   300
A economia brasileira em perspectiva   303
O Nordeste e o século XXI   305
Pernambuco e o século XXI   307
Depois: uma sociedade pós-humana?   309

Índice Onomástico   313

INTRODUÇÃO

Antes tempos depois contém cem textos selecionados dentre os publicados pelo autor, entre 2000 e 2006, no *Diario de Pernambuco* e no *Jornal do Commercio*, tradicionais veículos da imprensa do Recife.

Se o título do livro pode dispensar explicações – vejam-se o primeiro e o último ensaios –,[1] espera o autor que a expressão pequenos ensaios não incomode ou predisponha os leitores.

Provindo do grego *egkságion* (através do latim tardio *exagium*), ensaio atém-se primordialmente ao ato de pesar, avaliar, logo tendo se desdobrado nas acepções prova, experiência, tentativa. Desde o século XIII, a forma histórica *enssay* já nominava um tipo de composição literária: menos exaustiva que a monografia e menos aprofundada que o tratado. A mesma conotação já ocorrera, um pouco antes, com o vocábulo francês *essai*, consagrado no século XVI por Montaigne em seus *Essais*.[2] E no inglês, *assay*, dublê de *essay*, significa também teste, exame, experimento.

Os cem pequenos ensaios que se seguem têm, pois, o sentido de intento, busca, aproximação. Na melhor hipótese, de instigação ao debate de temas das variadas agendas que pautaram, no último ano do Novecentos e nos inícios deste século, o debate público no Brasil e no mundo, no Nordeste e em Pernambuco.

---

[1] Respectivamente "Antes: o legado da pré-história", e "Depois: uma sociedade pós-humana?".
[2] Ver, a propósito, o pequeno ensaio intitulado "Montaigne e os canibais".

Certo, eles são em boa medida textos de circunstância, referidos a tempo e lugar, não raro motivados por acontecidos do dia-a-dia. Marcam-se mesmo, em alguns casos, pelo cotidiano compartilhado pelos brasileiros e pernambucanos mais atentos ao fluir de seus muitos mundos entrelaçados.

Em sua maior parte, porém, eles não deixariam de ter relevância e interesse mais permanentes, a justificarem sua coleção em livro. Pois se procura neles motivar, sobre o que é contingente, uma abordagem ou reflexão que transcenda e supere o apenas efêmero.

O livro está organizado em doze partes temáticas: História (12 textos), Artes (11), Economia (12), Política (9), Homens, livros, letras (14), Cidades, regiões, países (11), Relações internacionais (5), Cultura popular (3), Questões sociais (9), Instituições (5), Meio ambiente (3) e Prospectiva (6 textos). Cobrindo-se, portanto, um largo espectro de motivos, assuntos, questões. A partir desses motivos e sobre esses assuntos e questões, o autor não se furta de posicionar-se, expressando, com buscada clareza, suas opiniões e pontos de vista. Propondo, sugerindo – sempre que possível. Ou procurando exercer construtivamente o direito (quando não o dever) da crítica.

Esses são, a seu ver, misteres de quem se dedica ao ofício de escrever e publicar, estando intimamente associados ao papel que se espera dos intelectuais na sociedade.[3]

É isso também, admita-se, o que esperam os leitores de jornais e de livros como este, tipicamente de ensaísmo.[4] Sendo de ressaltar

---

[3]Cf. infra o pequeno ensaio intitulado *Os intelectuais e a política*.
[4]Foi como ensaísta que foram assinados todos os artigos publicados no *Diario de Pernambuco* e reproduzidos neste livro. Os artigos publicados no *Jornal do Commercio* foram assinados pelo autor na qualidade de diretor do Instituto Nacional de Altos Estudos, uma entidade privada, sem fins lucrativos, com sede no Rio de Janeiro, cuja finalidade é produzir idéias (e propostas, projetos) para a modernização e o desenvolvimento do Brasil. O Inae, dirigido pelo ex-ministro João Paulo dos Reis Velloso, organiza anualmente os Fóruns Nacionais (em 2006 foi a vez do XVIII Fórum Nacional). Eles reúnem, por quatro dias, autoridades, cientistas sociais, empresários e outros formadores de opinião em debates objetivos e, sempre que possível, convergentes.

que foi nas seções chamadas "Opinião", tanto do *Diario de Pernambuco* quanto do *Jornal do Commercio*, que os textos que integram este volume foram inicialmente publicados.

O leitor logo notará que os pequenos ensaios contidos neste livro têm mais ou menos o mesmo tamanho: um mínimo de 2,5 mil, um máximo de 3,5 mil caracteres (sem contar os espaços): em média três mil caracteres. Eis exigência dos jornais e, em geral, dos periódicos de ampla circulação que se torna uma camisa-de-força para o escritor. Demandando dele, além de constante compressão no expor, pensar, refletir, cortes e podas sucessivas na primeira versão produzida.

Retocados aqui e ali – inclusive, em uns poucos casos, no próprio título –, os pequenos ensaios que se seguem mantêm-se fiéis aos artigos de jornal de que eles provêm. Pois, em sua grande maioria, as correções feitas envolveram ajustes mais de forma do que de conteúdo.

O autor agradece o modo como foi recebido e tratado como articulista tanto pelo *Diario de Pernambuco* quanto pelo *Jornal do Commercio*.

No *Diario*, gentilmente convidado, em 2000, por Luiz Otávio Cavalcanti, que então dirigia aquele que é considerado o mais antigo jornal em circulação na América Latina (tendo completado, em 2005, 180 anos), recepcionado por Ricardo Leitão, colaborou até meados de 2004, já na gestão de Joezil Barros (com Vera Ogando na diretoria de redação).

No *Jornal do Commercio* – hoje o periódico de maior circulação em Pernambuco –, convidado por João Carlos Paes Mendonça, presidente do Conselho de Administração, e recepcionado, sempre com grande simpatia e atenção, por Ivanildo Sampaio, diretor de redação, este autor publicou alguns poucos artigos em 2001-2002 e vem colaborando mais regularmente desde agosto de 2004.

Nos dois casos, o estímulo para prosseguir nessa empreitada foi, tem sido proporcionado pelo carinho de leitores amigos. Lenientes, eles não se furtaram a comentar estes escritos, contibuindo menos com reparos do que sugestões pertinentes, quase sempre entremeadas de generosos encômios.

A eles, e aos novos leitores que agora adentram os cem pequenos ensaios que se seguem, este livro é dedicado.

Praia de Nossa Senhora da Piedade, Jaboatão dos Guararapes, Pernambuco, junho de 2006.

História

Antes: o legado da pré-história

PARA QUASE TODO MUNDO, a história do Brasil começa em 1500 com o "descobrimento", ocasional ou não, protagonizado por Cabral.

Essa visão eurocêntrica ignora todo o Brasil pré-cabralino. Um Brasil de "antes": a aventura humana de centenas de povos que habitaram o atual território do país durante milhares ou dezenas de milhares de anos. A um deles pertenciam os "pardos nus", "mancebos e de bons corpos", "arcos nas mãos e suas setas", minudentemente descritos na carta de Caminha.

A exposição *Antes: histórias da pré-história* (Centros Culturais Banco do Brasil, Rio, Brasília e São Paulo, 2004-2005) propõe-se a resgatar esse passado: tão longínquo no tempo e incompleto na memória quanto presente como o legado formador de nossa identidade mais primitiva.

Na ausência da escrita, ela se vale de objetos da cultura material (sobretudo os de pedra e terra cozida, mais resistentes e de maior sobrevida) e de desenhos, pinturas e gravuras rupestres. E consegue brindar o visitante com emocionante mergulho em tempos os mais remotos.

Com esse propósito, distingue, na geografia de nossa pré-história, três grandes áreas: a Amazônia, tanto berço e difusor de culturas adaptadas aos trópicos quanto receptáculo de povos provindos

dos Andes e do Caribe; o litoral, que abrigou gentes que se integraram à maritimidade; e o interior (o semi-árido do Nordeste), que desfrutou em tempos prístinos de clima mais ameno, contando com importantes refúgios de florestas.

Não contente, destaca ainda, em felizes cortes temáticos, os ritos associados à morte; a inovação e as tecnologias; e o meio ambiente, com ênfase na megafauna (a sensação da mostra é o esqueleto da preguiça gigante, animal que chegava a medir seis metros).

Um dos pontos altos da exposição são os zoólitos do litoral (esculturas zoomorfas em pedra polida, extremamente elaboradas e de altíssimo valor estético). Eles representam aves, peixes, répteis do cotidiano desses povos e, raramente, figuras humanas (como o Ídolo de Iguape, que pode ser um auto-retrato).

Da Amazônia, o destaque são as cerâmicas policromadas de Santarém (que remontam ao quinto milênio a.C.) e Marajó (séculos V e VII d.C.), representadas por grande variedade de vasos, urnas funerárias, estatuetas, tangas.

No interior, sobressaem as pinturas rupestres do Parque Nacional da serra da Capivara, no sudeste do Piauí, apresentadas, com grande riqueza de detalhes, em engenhosa vídeo-montagem.

A arqueóloga Niéde Guidon, da curadoria da mostra, afirma existirem evidências da presença humana nesse último sítio que recuam a 100 mil anos. E pensa que "a entrada do *Homo sapiens*" no continente americano "se fez em vagas que, saindo de diferentes lugares, seguiram diferentes caminhos": o do norte (através do estreito de Bering), o do Pólo Sul, por que não os dos oceanos? Ainda segundo ela, as primeiras levas "devem ter entrado na América entre 150 mil e 100 mil anos atrás".

Tese polêmica, mas que ganha a cada dia novos adeptos. Afinal, a hipótese da migração de povos mongólicos da Ásia para a América apenas pelo estreito de Bering (e entre 15 e 25 mil anos antes da chegada dos europeus) é mesmo sem muita imaginação. E está sendo desafiada em muitas datações, por meio do carbono 14, de carvões de fogueiras humanas da Toca do Boqueirão da Pedra Furada (na serra da Capivara): elas recuam mais de 50 mil anos.

Constam da exposição várias peças pertencentes ao Museu do Estado de Pernambuco: gravuras rupestres, as *itaquatiaras* (termo tupi que significa "pedra pintada") de Petrolândia; cerâmicas marajoaras; machados em pedra polida provenientes do Piauí e da Amazônia.

No Rio de Janeiro, *Antes: histórias da pré-história* bateu recordes internacionais de público: cerca de seiscentas mil pessoas a visitaram entre 12 de outubro de 2004 e 9 de janeiro de 2005, mais de oito mil por dia!

Sucesso merecido.

Publicado no *Jornal do Commercio*, sábado,
15 de janeiro de 2005.

Vozes d'África

UM LIVRO, *UM RIO CHAMADO ATLÂNTICO: a África no Brasil e o Brasil na África* (Rio de Janeiro, Nova Fronteira, 2003), do acadêmico Alberto da Costa e Silva, documenta as relações de comércio e as interações culturais mantidas, por três séculos, entre as duas margens do Atlântico sul: o Brasil, a margem de cá; a África negra, a margem de lá. E uma exposição, *Arte na África* (Rio de Janeiro, Centro Cultural do Banco do Brasil, 2003-2004), traça amplo panorama de várias artes das muitas Áfricas, recuando por vezes até o século XII.

Alberto da Costa e Silva é nosso maior especialista em história da África. *A enxada e a lança: a África antes dos portugueses* (1992) e *A manilha e o libambo: a África e a escravidão, de 1500 a 1700* (2002) são suas duas obras monumentais. Para ele, o Brasil se formou na escravidão. Não podemos nos compreender sem estudar a África, de onde compramos o grosso de nossos antepassados. Não se entende o que ocorreu no Brasil do século XVI ao século XVIII sem saber o que se passou em Angola: os dois países viveram dois lados de uma só história.

Foi o "tráfico dos viventes" que mais ligou as duas margens do Atlântico: Luanda e portos da Costa do Ouro, do golfo do Benim, do Gabão, do Congo ao Recife, Salvador, Rio de Janeiro. Mas vinham também da África azeite de dendê, noz-de-cola, sabão, pano-da-costa, objetos de culto. Em troca de tabaco, açúcar, cachaça, mais tarde ouro e quase tudo quanto ali se usava nas casas, nas ruas.

Além desse intenso comércio, ocorre, desde o século XVII, significativa presença brasileira na África.

A frota holandesa que saiu do Recife em 1641 para conquistar Luanda levou "brasilienses": 200 índios, possivelmente muitos mamelucos e caboclos.

Intensificou-se no século XIX a ida para a África atlântica de negros, caboclos e brancos nascidos no Brasil, em particular em Pernambuco e na Bahia. Eles concentraram-se em bairros próprios, como o *Brazilian Quarter*, de Lagos, o *Quartier Brésil*, de Uidá (Benim). Transportaram a língua e os costumes daqui. Difundiram os cultos de são Cosme e são Damião e do Senhor do Bonfim. Para lá transportaram a arquitetura neoclássica, de toques barrocos, do Império. Construíram quarteirões inteiros: casas, sobrados, igrejas, até mesquitas. Também a culinária: o feijão de coco, a cocada, o cozido, o pirão de peixe (o *poisson au piron* encontrado por Alberto da Costa e Silva em Abomé, Benim, lembrou-lhe um almoço de domingo em Pernambuco).

O economista beninense Florent Agueh ficou estupefato ao saborear, no Brasil, a cabidela: o mesmo gosto, quase o mesmo prato que o *petê*, tradicional em seu país (no *petê*, a galinha é desossada).

Nenhum pernambucano, contudo, concordaria com Costa e Silva quando ele suspeita que o frevo – que ouviu, em 1972, na Costa do Marfim, não resistindo em cair no passo – seja marfiniano: o frevo para lá migrou foi mesmo na alma de algum recifense.

A exposição *África no Brasil* é excepcional. Formada essencialmente por preciosidades do Museu Etnográfico de Berlim, seu forte é a escultura. Seria equívoco vê-la como arte primitiva, *naïf*. É a arte presente na vida, indo muito além do mero ornato. Arte que funde o sagrado e o profano, este e outros mundos. Arte da África negra, mas que absorveu, desde muito, variadas influências: árabes, indianas, asiáticas, européias.

Impressionam as máscaras performáticas e os relevos de bronze, de grande força expressiva, refinadamente trabalhados, tão mais modernos quanto mais antigos.

O Brasil já aprendeu a valorizar seus passados ibérico e, em certa medida, ameríndio. Vendo neles força e inspiração para construir o futuro. Um outro passado, o africano, de muitos futuros, ainda está dormente, quando não refugado. É preciso vivificá-lo.

A África, as várias Áfricas, estão logo ali, presentes bem defronte de nós. É só transpor um rio chamado Atlântico. A travessia vai ser enriquecedora.

Publicado no Diario de Pernambuco, domingo,
14 de dezembro de 2003 (em "Carta ao Leitor" e com foto do autor).

O primeiro repórter

EM *THE TEN THOUSAND: a novel of ancient Greece* (Nova York, St. Martin's Paperbacks, 2002, 460 p.), Michael Curtis Ford atualiza para o leitor contemporâneo a saga dos Dez Mil, ocorrida há mais de 2.400 anos: o longo e penoso retorno de exército de mercenários gregos, comandado por Xenofonte, desde a Mesopotâmia (hoje Iraque) até Trapezus, porto helênico no mar Negro (hoje Trabzon, na Turquia). E o faz com a força dramática e a riqueza de detalhes somente possíveis à ficção histórica ou ao mito.

Xenofonte (426-356 a.C.), de família aristocrática, cresceu durante a grande guerra entre Atenas e Esparta. Integrou as forças de elite da cavalaria ateniense. Discípulo de Sócrates e crítico ferrenho das formas mais extremas da democracia grega, por isso resolveu abandonar Atenas.

Tornou-se um dos soldados da Grécia a serviço do exército do príncipe persa Ciro, o Jovem. Rebelado, decidido a marchar contra o irmão, rei Artaxerxes II, Ciro foi derrotado e morto na batalha de Cunaxa (401 a.C.), travada às margens do Eufrates, a menos de 100 quilômetros ao norte da Babilônia. Malgrado a superioridade demonstrada em luta pelos hoplitas, a infantaria helênica, de armadura pesada, experiente de 30 anos de guerras intestinas e temida por Artaxerxes II.

Desarvorados após cilada persa de que resultou no assassínio de seus chefes militares, os Dez Mil escolheram Xenofonte, então com 27 anos, para comandante. A retirada, de 1.500 quilômetros, ele a liderou em longos meses de agruras. Por desertos, rios, montanhas, nevascas. Sob contínua vigilância, constantes assaltos de persas, curdos, armênios, turcos. Até a recompensa do mar. Pois longe dele, os helênicos, povo talássico, sempre se sentiam inseguros.

Anábasis Kirou ("A expedição de Ciro"), a obra de Xenofonte mais conhecida, é a história dessa dramática travessia, contada por jovem romântico, ávido de descobertas, excitado pelo perigo. Além de cedo transformá-lo em herói e mito, ela o tornou o primeiro dos repórteres.

Xenofonte registra os fatos à luz de sua experiência pessoal e sem temer expressar seus pontos de vista sobre as pessoas e os temas de seu mundo e tempo. O centenário *Os sertões*, de Euclides da Cunha, que nasceu de uma série de reportagens, chega por vezes a lembrar a *Anábase*. Não pelo estilo, o de Euclides hirto, retumbante, bombástico, o de Xenofonte gracioso, límpido, simples. Mas na forma gráfica, visual, rítmica com que ambos descrevem as pesadas marchas vigiadas, as emboscadas, as escaramuças, a luta. E o livro citado, de Michael Ford, está para a *Anábase de Ciro* como *La Guerra del Fin del Mundo* (1981), de Mario Vargas Llosa, está para *Os sertões*.

As velhas terras mediterrâneas entre o Eufrates e o Tigre, berço da civilização, sempre foram lugar de muitas guerras. Xenofonte, o primeiro repórter, conduziu os Dez Mil para mar que a vista não afunda armados de simples lanças, espadas, arcos e flechas, estilingues e pedras. Também eram essas as armas de seus incansáveis e temidos inimigos. Eles protegiam suas vidas, famílias, casas, colheitas de um exército poderoso, forasteiro e de desígnios duvidosos.

Outra é hoje a história. Complexas as armas, raios da morte que caem de um Olimpo desigual, sem limites, conflagrado. A catástrofe, de permeio ao rebuliço dos repórteres, é vista, ao vivo, mundo afora. Quase os mesmos, apenas a terra, os rios da lendária Mesopotâmia. E discórdia entre os homens.

No início de sua volta à Grécia, Xenofonte passou pelo sítio, às margens do Tigre, onde mais de um milênio depois seria fundada Bagdá. Ali perto, na Babilônia, onde ele desejara acompanhar um Ciro triunfante, judeus cativos mas remediados, à frente o sábio Esdras, consolidavam a legislação do Pentateuco para submetê-la a Artaxerxes II.

Publicado no Diario de Pernambuco, domingo,
2 de março de 2003 (em "Carta ao Leitor" e com foto do autor).

O diálogo dos 500 anos

BRASIL-PORTUGAL, DESENVOLVIMENTO E COOPERAÇÃO: o diálogo dos 500 anos (Rio de Janeiro, EMC Edições, 2000) é, em meio à copiosa produção editorial suscitada pelo V Centenário do Descobrimento, uma das poucas obras que não é de história, mas de economia. E a única que, em lugar de investigar o passado, olha e pensa o futuro: os futuros do mundo, de Portugal e do Brasil; os futuros das relações entre os dois países e entre a União Européia e o Mercosul. O futuro da Comunidade dos Países de Língua Portuguesa.

O livro publica os pronunciamentos (entre eles, o do presidente Fernando Henrique Cardoso), ensaios, conferências e comentários da "Sessão de Economia" (Brasília, setembro, 1999) do Congresso Brasil-Portugal Ano 2000. Eficientemente coordenado, do lado brasileiro, pelo ministro Marcos Vilaça e, do lado português, pelo professor Ernâni Lopes, ex-ministro das Finanças, o conclave teve início em junho de 1999 com a "sessão de Geografia" [Lisboa], seguida pelas de "Direito" [Coimbra] e Economia". Sucederam-se as de "Sociologia" e "Antropologia" [Recife], "Literatura" [Porto], "Relações Internacionais" e "Ciência Política" [Braga]. Nos próximos dias (ainda neste setembro de 2000), terá vez a "Sessão de Meio

Ambiente e Desenvolvimento" [Rio de Janeiro]; e, em novembro, a última delas, de "História" [Salvador].

Brasil-Portugal, desenvolvimento e cooperação, o primeiro livro do Congresso publicado no país, reúne textos, acessíveis aos leigos, de cerca de 30 dos mais representativos economistas luso-brasileiros. Eles mantiveram, durante três dias, fértil e rico encontro: o diálogo econômico dos 500 anos.

Os ex-ministros João Paulo dos Reis Velloso (Planejamento, Brasil) e Augusto Mateus (Finanças, Portugal) abriram o debate. Velloso propôs para o Brasil um novo tipo de desenvolvimento, consubstanciado em economia continental internacionalmente competitiva, capaz de viabilizar crescimento sustentado (com estabilidade de preços, redução da pobreza e redistribuição de renda) e ecologicamente sustentável. Mateus vê emergirem com a globalização um novo paradigma econômico-social e uma nova geografia planetária, aponta nas finanças fator de instabilidade e recomenda revisão de políticas públicas e estratégias negociais para enfrentar os desafios competitivos. Na discussão dessas questões ele evolui de prospectiva da economia mundial para o exame das perspectivas de desenvolvimento dos dois países, suas atuais relações empresariais, os espaços de cooperação, os problemas sociais, os perigos e promessas do mercado global.

Fica claro que Portugal vive fase de dinamismo. Submeteu-se aos rígidos cânones macroeconômicos acordados pela União Européia e passou no vestibular da moeda única, o euro. País de modestas dimensões, enfrenta alguns problemas no comércio exterior, mas está ampliando inserção ativa na Europa e na economia mundial. O Brasil, embora tenha finalmente domado a inflação, ainda está longe de alcançar equilíbrio nas contas públicas e externas. Seu incompleto processo de reformas deverá avançar pelo próximo decênio, mas já são visíveis os sinais de crescimento. O Mercosul carece de coordenação das políticas econômicas, práticas comerciais e estratégias de investimento.

Os portugueses sugeriram que o Brasil ponha o peso de sua economia a serviço da configuração de um espaço transcontinental de mercado integrando os países de língua portuguesa, opção estratégica complementar à União Européia e ao Mercosul. O presidente Fernando Henrique Cardoso elogiou a proposta, considerando-a pertinente.

Publicado no Diario de Pernambuco, quinta-feira, 14 de setembro de 2000.

A biblioteca dos reis

EM *A LONGA VIAGEM DA BIBLIOTECA DOS REIS* (São Paulo, Companhia das Letras, 2002, 554 p.), Lilia Moritz Schwarcz conta-nos, apoiada em vasta pesquisa documental e rica iconografia, a acidentada história das bibliotecas dos reis portugueses. Ela culmina com a vinda para o Rio de Janeiro dos cerca de 60 mil livros, muitos deles raros, manuscritos, mapas, gravuras, documentos e outras preciosidades que estão na origem da Biblioteca Nacional, a mais ilustre das bibliotecas em terras americanas.

A velha Livraria Real portuguesa, obra de sucessivos monarcas desde dom João I (1385-1433) e uma das jóias do Reino, fora ampliada e sistematizada por dom João V (1706-1750). Era considerada uma das mais importantes da Europa. O terremoto de 1755, que destruiu Lisboa, transformou em destroços o Paço da Ribeira. E em cinzas a Livraria que ali se abrigava.

Uma nova casa do livro, a Real Biblioteca, foi organizada por dom José I e seu sempre presente ministro, o marquês de Pombal. Sob um novo espírito, o do Iluminismo português, juntou-se o pouco que sobrara, compraram-se acervos privados, requisitaram-se coleções em mosteiros ou abandonadas pelos jesuítas expulsos do país, receberam-se generosas doações.

Foi essa rica coleção que dom João VI e sua corte, fugindo ao exército de Napoleão que invadia Portugal, decidiram, em 1807, trazer para o Brasil. Na azáfama da fuga, os caixotes de livros acabaram abandonados no porto, a sol e chuva, até seu retorno ao Palácio da Ajuda, em Lisboa. Chegaram depois ao Brasil, em duas levas: uma em 1809, outra em 1811.

Instalada no Rio, a Real Biblioteca continuou crescendo e prosperando. Com a Independência, já transformada em Biblioteca Imperial, o acervo trazido do Reino foi comprado a preço de ouro: 800 mil contos, 12,5% das indenizações pagas a Portugal no bojo das negociações do reconhecimento, pela antiga metrópole, do Brasil soberano.

A Biblioteca Nacional (nome adotado com a República) é instituição-chave para a execução de uma política cultural e, especificamente, de política de memória para o país.

De um lado, a *endomemória*, realidade subjetiva, faculdade humana, preenche-se, preserva-se, amplia-se e se multiplica pela educação, que é capaz de manter, produzir, acrescer e disseminar o conhecimento, transformando-o em memória viva da sociedade.

De outro lado, a *exomemória*, a memória externa, objetiva, está capturada em ruas, praças e casas, em documentos, em livros, em quadros e esculturas. Por séculos, cidades, arquivos, bibliotecas, museus vêm sendo suas moradas privilegiadas. Só o homem, ao percorrê-los, penetrá-los, pode libertar as mensagens contidas nesses produtos de cultura e vivificá-las, preservando-as como forças vivas de sua identidade.

Ante o poder homogeneizador da globalização, o Brasil, país pobre e novo, deve afirmar e defender identidade nacional ainda frágil. E fazê-lo através de políticas voltadas a referenciar, proteger e valorizar os seus bens culturais próprios, a começar pela língua nacional, veículo por excelência da construção de sua realidade.

Fez-se muito, nos últimos anos, visando a esses objetivos, principalmente sob a coordenação do Ministério da Cultura, ao qual se subordina a Biblioteca Nacional. Muito, porém, resta fazer, dando curso a uma tarefa que, devendo ser permanente, não pode ser descontinuada.

Publicado no Diario de Pernambuco, quarta-feira,
1º de dezembro de 2003.

A Restauração Pernambucana

O INSTITUTO ARQUEOLÓGICO, Histórico e Geográfico Pernambucano comemorou ontem (28 de janeiro de 2005), como vem fazendo há 143 anos, os 351 anos da Restauração Pernambucana.

Devemos a José Antônio Gonsalves de Mello – presidente do IAHGP por 35 anos (1965-2000) – o palmilhar do terreno e a contagem caprichosa dos dias e horas da rendição dos holandeses.

Foi no sábado 24 de janeiro de 1654, às três horas da tarde, que os três negociadores holandeses entregaram aos luso-brasileiros, acampados em tendas na Campanha do Taborda, próxima do Forte das Cinco Pontas, as condições gerais com que pretendiam firmar a paz – esboçadas, às pressas e em borrão, pela governação batava no Recife.

Na noite do mesmo dia 24, o mestre-de-campo general Francisco Barreto de Meneses convocou seu Estado-Maior para "responder às capitulações".

A contraproposta luso-brasileira foi entregue no domingo 25. Os holandeses tomaram conhecimento dela já sabendo ser impositivo aceitá-las. O texto final da capitulação foi assinado pelos deputados das duas partes na mesma Campanha da Taborda às 11 horas da noite da segunda-feira, 26 de janeiro, e ratificado pelo Alto Governo inimigo nas primeiras horas do dia 27.

A partir das 10 horas da manhã desse dia, deu-se a entrega aos luso-brasileiros da primeira fortaleza, a das Cinco Pontas, seguindo-se a ocupação das demais praças.

Barreto de Meneses entrou triunfalmente no Recife por volta das quatro horas da tarde do dia 28, uma quarta-feira, acompanhado de cerca de 70 homens em armas, todos a cavalo. Foi recebido por Von Schkoppe e pelo Alto Governo à porta sul da cidade, situada no atual Bairro de São José, nas proximidades da Igreja do Espírito Santo (um pouco ao sul da Praça 17 de hoje). Francisco Barreto apeou-se e foi extremamente cortês com os vencidos.

Generosas, de grande largueza de espírito foram as condições da capitulação. Francisco Barreto deu por "esquecida toda a guerra, como se nunca tivesse sido cometida", ou seja, concedeu a mais ampla anistia; estendeu o acordo a "todas as nações, de qualquer qualidade ou religião", e a todas perdoou, conferindo o mesmo tratamento aos judeus; facultou a todos a permanência no Recife e em Maurícia por até três meses; reconheceu como deles tudo o que fosse bens móveis que estivessem possuindo; pôs-lhes à disposição, para a viagem, as melhores embarcações surtas no porto do Recife, com a artilharia necessária a sua defesa; assegurou que os estrangeiros casados com mulheres portuguesas que quisessem permanecer em Pernambuco seriam governados e estimados como os portugueses; e garantiu a todos que seriam tratados com muito respeito e cortesia.

Um único problema restou pendente: o das dívidas dos luso-brasileiros para com os holandeses, um dos fulcros da Insurreição Pernambucana. Ficou assente que o rei de Portugal decidiria sobre elas, ouvidas as partes. Barreto de Meneses considerou-as "cousa em que não se deve falar". E foi enfático ao afirmar que "(...) os moradores [luso-brasileiros], em conseqüência da guerra (...), estão pobres e arruinados e pedem, com justa causa, que [os holandeses] sejam obrigados a pagar-lhes as perdas e danos que sofreram (...); e também, com o incêndio da cidade de Olinda, que lhes causou considerável prejuízo. E ainda (...) com os resgates que lhes fizeram pagar para salvarem as vidas, como aconteceu no Arraial Velho [do Bom Jesus], que lhes foi entregue [aos holandeses] mediante acordo."

Não era mesmo fácil o pretendido esquecimento da guerra. O próprio Francisco Barreto "mandou em ação de graças edificar [nos montes Guararapes] à sua custa" capela "à Virgem Senhora Nossa dos Prazeres" – com cujo favor ali alcançara "as duas memoráveis vitórias contra o inimigo holandês".

Publicado no *Jornal do Commercio*, sábado, 29 de janeiro de 2005.

A história do século XX

DIFERENTEMENTE DA MAIORIA de seus colegas, o historiador inglês J. M. Roberts, das Universidades de Oxford e Southampton (Inglaterra), professor-visitante das Universidades de Princeton e Columbia (Estados Unidos), enfrenta sem reservas os riscos das grandes sínteses históricas. Deleita-se nesses arrojados empreendimentos, destinados ao grande público. É dele a obra *História do mundo* (1976), somente agora publicada no Brasil (*O livro de ouro da história do mundo*, Ediouro, 2000, 816 p.)

Há alguns anos, Roberts produziu e apresentou na televisão britânica a série *O triunfo do Ocidente*, que obteve grande êxito. Sua maior qualidade como historiador consiste no poder de captar e transmitir, em poucas linhas, seja o perfil de um grande vulto histórico (como o de Alexandre, o Grande), seja a contribuição de uma civilização (como a primeira delas, a suméria) para o progresso humano.

A recente *História do século XX* (*The Penguin History of the Twentieth Century*, Londres, 2000, 906 p.), obra da velhice, é, contudo, a melhor das realizações de Roberts.

O livro vence dois grandes desafios: o de captar na história contemporânea o que realmente importa, distinguindo, na torrente dos acontecimentos, o fio condutor da marcha, acelerada e convergente, da civilização; e o de manter-se geográfica e ideologicamente neutro nessa empreitada, evitando os muitos particularismos a que está sujeito quem escreve a história de seu próprio tempo.

O plano do ensaio favorece essa tarefa. Inicia-se com amplo painel do mundo em 1901, atento às heranças do passado, às estruturas econômico-social e político-institucional então prevalecentes, aos impérios europeus dominantes e às molduras em que se vão circunscrever os tempos por vir. Prossegue vendo desmoronar a ascendência européia e alicerçar-se a história global, que somente se delineia após as duas grandes guerras. O mundo delas resultante, bipolarizado, evolui por configurações cambiantes em direção à *Pax Americana*. Mais importante, ensaia a construção da primeira civilização planetária.

Em apêndice à obra, o autor anota a cronologia da exploração espacial, conquista das últimas quatro décadas do século XX. E o faz de modo a sugerir que a aventura humana começa a libertar-se do planeta que já domina e avança na busca de novas, desafiadoras moradas.

Não escapa ao professor J. M. Roberts a grande aceleração da marcha da história ocorrida no século XX, movida pelo avanço do conhecimento e pelo emprego da ciência e da técnica. Ela foi maior em alguns países da Ásia (entre eles o Japão, que se consolidou como poder mundial) e da América Latina (caso do Brasil, que emergiu como potência regional com voz no cenário global).

A historiografia nacional está a dever-nos uma História do Brasil no século XX, obra de interpretação que capte as grandes transformações por que passou o país no século passado.

Pedro Calmon disse certa vez, contemplando, do Mosteiro de São Bento, o mar de Olinda, que, em nossa história, o século XVI havia sido pernambucano, o século XVII, baiano; o século XVIII, mineiro; e o século XIX, fluminense. Acrescentando que o século XX podia estar sendo paulista. Terá sido hegemonicamente paulista, mas pode também ter começado a ser ecumenicamente brasileiro, embora continuando desigual e assimétrico.

Publicado no *Diario de Pernambuco*, com o título
"História do Século XX", quinta-feira, 26 de julho de 2001
(com ilustração de Mascaro).

Moradas da memória

DOIS LIVROS NOVOS, sobre duas velhas bibliotecas, e um simpósio suscitam reflexão sobre o papel da memória na transferência de conhecimento e na salvação da diversidade de culturas nacionais e regionais em um mundo globalizado.

O primeiro livro, *The New York Public Library Literature Companion* (Nova York, Free Press, 2001, 722 p.), organizado por Anne Sullivan, compendia, em 2.500 biobibliografias, criadores, suas obras e personagens literários, todos eles presentes nas estantes da renomada biblioteca (fundada em 1895 e hoje com quatro centros de pesquisa, 85 filiais e 50 milhões de itens catalogados). Publica um dicionário de literatura; contém uma cronologia de quatro mil anos de produção literária (desde o épico sumério Gilgamesh, c. 2000 anos a.C., até a novela *White Teeth,* de Zadie Smith, sucesso em Londres no ano passado); divulga fatos e recursos da cultura letrada; lista numerosos *websites* dedicados à prosa e à poesia.

A obra é guia útil a quem se aventurar pelas belas-letras no idioma inglês (escritas nessa língua ou traduzidas). Confessa seu glotocentrismo e, embora de bom nível, guarda a cara de produto da utilitária civilização norte-americana.

O segundo livro chama-se *Brasiliana da Biblioteca Nacional: guia das fontes sobre o Brasil* (Rio de Janeiro, Biblioteca Nacional-Nova Fronteira, 2001, 656 p.). Organizado por Paulo Roberto Pereira, empreende multifacetada porém difusa interpretação do Brasil: a partir do acervo, de 8,5 milhões de peças, da mais importante instituição de memória do país. Fundada em 1810 como Real Biblioteca, ela abrigou os 60 mil livros, manuscritos, mapas, moedas e medalhas que dom João VI e sua corte, ao abandonar uma Lisboa ameaçada pelo exército de Napoleão, trouxeram ao Brasil em 1808-1811.

O livro, com ótima iconografia, reúne dezenas de articulistas que se debruçam sobre temas como o Brasil dos viajantes (séculos XVI a XX), a Igreja e a presença estrangeira na Colônia, o Império, o negro e o escravismo, a Primeira República, a era Vargas, o Brasil contemporâneo. Intenta retrato da invenção do Brasil, buscando, através de vários veículos de memória (a fotografia, o livro, o jornal, a revista, a charge), colecionar a imagem nacional. Trata do "saber e sabor" do país: as letras e demais artes; a ciência, a paixão (ou paixões) do brasileiro. E lança olhar sobre o Rio, captando, no tempo, sua mutante paisagem urbana.

Por séculos, as bibliotecas vêm sendo moradas privilegiadas da exomemória, a memória externa, objetiva. Ela é feita de razão e sensibilidade, pensamento e emoção capturados em livros, revistas, jornais. Somente o leitor os liberta e vivifica.

Não há oposição entre esses antigos mediadores da cultura e a nova multimídia tecnotrônica. As duas ilustres casas do livro – a de Nova York e a do Rio de Janeiro – já utilizam amplamente meios magnéticos de espantosa eficácia na organização e disseminação das ciências e artes.

O simpósio internacional *Caminhos do Pensamento: Horizontes da Memória*, ocorrido no Rio (3 a 5 de setembro de 2002, organizado por Eduardo Portella com o apoio da Unesco), postulou uma política para a memória. O acesso solitário, em redes mnemônicas virtuais e desterradas, a conhecimentos e informações vai apagando as memórias coletivas, socialmente construídas por incontáveis interações humanas. Solapa e ameaça a diversidade cultural.

O gesto de dom João VI continua emblemático. Em fuga, ele decidiu levar consigo, Atlântico afora, encorpando a rica biblioteca palaciana, a memória de Portugal e os saberes da Europa. No salve-se-quem-puder do embarque, gente nobre morreu afogada tentando alcançar, a nado, os navios abarrotados.

Publicado no *Diario de Pernambuco*, quinta-feira, 26 de setembro de 2002 (com ilustração de Mascaro).

Nabuco e as mutilações da História

JOAQUIM NABUCO (Recife, 19.8.1849–Washington, D.C., 17.1.1910) continua sendo considerado, por todos os títulos, o mais ilustre dos pernambucanos. Sua vida e obra são sobejamente conhecidas. Inegável é sua atualidade. Agora mesmo, a imprensa vem destacando a edição comentada de seu famoso diário (*Diários*, Rio de Janeiro, Bem-Te-Vi/Massangana, 2005, 2 v.).

Um texto de Nabuco, importante e muito pouco conhecido, merece ser divulgado por ocasião deste 156º aniversário de seu nascimento. Trata-se do discurso de posse no Instituto Histórico e Geográfico Brasileiro, ocorrida em 25 de outubro de 1896.

Nele, Nabuco, monarquista convicto – fiel ainda, dom Pedro II já morto, ao trono extinto, sempre agradecido a sua herdeira, Isabel, a Redentora –, viu a história nacional atravessando crise que poderia resolver-se em "mutilação definitiva". Eis que se pretendia, adverte ele, datá-la somente a partir da Independência, atribuindo-se "à história portuguesa, antes do que à brasileira", "a glória, os esforços de quantos lutaram para povoar, criar, conservar" o Brasil "durante os seus três primeiros séculos". Esquecendo as lutas contra os holandeses, "página sem igual de heroísmo e afirmação nacional". E intentando reduzir a memória pátria a apenas três nomes: Tiradentes, José Bonifácio e Benjamim Constant!

Não discuto, dizia Nabuco, o papel de Benjamim Constant, a quem "pertence o título de Fundador da República" (deixando, como ao acaso, escapar: "não hoje, mas dentro de 20, 50 anos é que se poderá julgar a sua iniciativa"...). "Reconheço, senhores", prossegue, "o direito que têm tanto Tiradentes como José Bonifácio à mais plena glorificação dos brasileiros." "Não creio, entretanto", protestava, "que Tiradentes resuma em si todo o ingente esforço pela Independência (...), a ponto de absorver, para não falar dos outros, a glória dos heróis pernambucanos de 1817." Nem que "José Bonifácio pese mais nas balanças da história do que Pedro I, cuja figura pretendem encobrir com a dele".

Joaquim Nabuco via na trindade Tiradentes-José Bonifácio-Benjamim Constant, de um lado, a personificação da Independência (em Tiradentes e Bonifácio); de outro, a encarnação da República (em Benjamim Constant). Entre elas, um "longo deserto do esquecimento": os quase 70 anos do Primeiro e Segundo Reinados, para ele período de "constante progresso material, intelectual e moral do nosso país".

Nabuco insiste: "Não posso, senhores, senão repetir o que mais de uma vez terei dito: se o Brasil fosse uma das grandes nações da história, seria também uma grande casa reinante essa curta dinastia que renunciou a metade de seu trono para fazer a Independência e a outra metade para fazer a Abolição... Não conheço mais belo epitáfio de instituição humana do que esse que se pode escrever com duas datas: *7 de Setembro de 1822 – 13 de Maio de 1888*."

No momento em que, no pensar do grande pernambucano, o passado nacional corria "o risco de ser mutilado no que ele tem de mais glorioso", Nabuco viu no Instituto Histórico e Geográfico Brasileiro "a instituição à qual esse passado está entregue, onde a história goza ainda o direito de asilo". Que estava "em um dos primeiros lugares entre as instituições cuja pedra [dom Pedro II] lançou". "A decadência e a morte deste Instituto seria a morte de uma parcela de sua alma, de um raio de seu espírito, que nós queremos acreditar imortal, que desejamos ver sempre dourando os píncaros da inteligência e do sentimento brasileiro."

Caíram com a Monarquia todos os "sonhos de grandeza para o Brasil" acalentados por Joaquim Nabuco. Ele defendia para o país uma monarquia à inglesa, parlamentar e federativa. Contrariado em seu desejo, acabrunhado, manteve-se afastado da política e da diplomacia por mais de 10 anos.

Data dessa época a elaboração de sua obra magna em três volumes, *Um estadista do Império* (publicada em 1897-1899), clássico da historiografia tradicional de feição liberal.

Publicado no *Jornal do Commercio*, quarta-feira, 17 de agosto de 2005.

O Brasil na Segunda Guerra

AO COMEMORAR 357 ANOS, o Exército brasileiro, nascido em 19 de abril de 1648 na 1ª Batalha dos Guararapes, valeu-se da oportunidade para assinalar os 60 anos de sua vitoriosa presença na Segunda Guerra Mundial.

Vale rememorar esses feitos.

A Força Expedicionária Brasileira (FEB) integrou, em 1944-1945, o experimentado V Exército dos Estados Unidos da América, que então atuava no teatro de operações da Itália. Constituiu-se essencialmente pela 1ª Divisão de Infantaria Expedicionária, comandada pelo general João Baptista Mascarenhas de Moraes, o grande cronista da campanha (*Memórias*. Rio de Janeiro, Bibliex/José Olympio, 1969, 2 v.).

Havia muito ocupando a Itália, a *Wehrmacht* formara sistema de defesa que ia do mar Tirreno, ao sul de La Spezia, até Rimini, no Adriático, atravessando todo o país. Era a chamada Linha Gótica, apoiada nos cumes dos Apeninos. O V Exército americano e o VIII britânico já tinham brechado, a duras penas, essa cerrada barreira em alguns poucos pontos: em Pesaro, em Rimini.

Os alemães, porém, ainda ocupavam sobranceiras posições ao longo do rio Reno. Bloqueavam o avanço aliado em direção a Bolonha, adiando a conquista da Itália. Coube à FEB a parte maior da tarefa, crucial, de rompê-las: com o apoio de divisão blindada sul-africana e do Grupamento Tático do V Exército dos Estados Unidos (a *Task Force 45*).

O primeiro ataque brasileiro contra a posição estratégica de Monte Castello, na Linha Gótica, deu-se a 29 de novembro de 1944. Comandado pelo general Zenóbio da Costa, frustrou-se ao cair da tarde desse mesmo dia, sob fogo incessante da artilharia e precisos disparos de morteiro. O segundo assalto, de 12 de dezembro, um dos mais duros combates da FEB, de muitas perdas, teve igual destino. Configurou-se na região o chamado "Impasse do Inverno", que durou mais de dois meses.

O ataque brasileiro decisivo teve início na manhã do dia 21 de fevereiro, com o avanço do Regimento Sampaio, apoiado fortemente por toda nossa artilharia. Monte Castello resistiu o dia inteiro, caindo, enfim, ao entardecer. A ruptura da Linha Gótica ocorreu, a partir de então, com rapidez. No dia 22, os montanheses americanos dominaram o Monte Della Torraccia; em 23-24, os brasileiros ocuparam La Serra. Estava virtualmente conquistado o vale do Reno.

Entre fins de março e inícios de abril, as forças aliadas prepararam a "Ofensiva da Primavera". Desta vez, coube aos brasileiros a missão mais difícil: a conquista do maciço de Montese. Foram quatro dias de luta ádua, iniciada na manhã de 14 de abril, causando 426 baixas, das quais 34 mortes. Montese caiu a muito custo. Foi o último grande confronto da Segunda Guerra entre forças de terra no Mediterrâneo.

A rendição nazifascista ocorreu nos dias 29 e 30 de abril em Ponte Scodogna, ao norte de Collecchio. Conforme acordado, às 13 horas apontou na estrada a coluna de ambulâncias, transportando os feridos (80 deles em estado grave), logo levados pelos brasileiros para Módena. Depois, rendeu-se a tropa motorizada. O comandante da Divisão Itália, general Mario Carloni, apresentou-se ao entardecer, tendo sido escoltado pelo general Zenóbio da Costa para o QG do V Exército.

Ao longo do dia 30 entregaram-se as forças restantes. Às 18 horas, chegou a vez do comandante alemão, general Otto Fretter Pico, conduzido pelo general Falconière da Cunha a Florença. Ao todo, foram 14.779 os prisioneiros, quatro mil os cavalos recolhidos, 80 os canhões, 1.500 os veículos, incontáveis as armas mais leves, muita a munição.

Logo uma parte da FEB alcançou a França, contatando o exército gaulês aliado nos Alpes. Uma outra transpôs o rio Pó, avançando para Vercelli, onde se concentrava o que sobrara da *Wehrmacht* em solo italiano. Sua rendição deu-se às 14 horas do dia 2 de maio de 1945.

Chegara para a FEB o Dia da Vitória.

Publicado no *Jornal do Commercio*, quarta-feira, 4 de maio de 2005.

Breve história da Tacaruna

FOI NA MANHÃ RECIFENSE de 24 de outubro de 1891. No cais da rua da Aurora, em frente à rua Formosa (hoje avenida Conde da Boa Vista), o governador do estado, José Antônio Correia da Silva, e grande séqüito embarcam em diversos escaleres. Seguem pelos rios Capibaribe e Beberibe, acompanhados por festiva banda de música, em direção à Tacaruna.

O lugar chamado Tacaruna (de *itacoaruna*, palavra indígena significando pedra do buraco negro) situa-se à margem direita do rio Beberibe, defronte ao istmo, hoje secionado, que unia Olinda ao Recife. Conhecido desde as primeiras décadas da colonização como o Buraco de Santiago, é denso em história.

Conquistada Olinda pelos holandeses (1630), uma das estâncias ou postos avançados da resistência aos invasores localizou-se em suas imediações, sendo comandada por Luiz Barbalho. Graças a sua estratégica posição, foi um dos núcleos da guerra volante, ou de guerrilha, adotada pelos luso-brasileiros. Nas maiores investidas batavas, essa posição fortificada era apoiada pelo general Matias de Albuquerque a partir do Arraial do Bom Jesus.

Desativada em 1633 ante o avanço, por terra, dos holandeses, voltou a ser utilizada, ao final da guerra da restauração (1654), no cerco do Recife.

Durante a Guerra dos Mascates, situou-se na área um presídio militar, em torno do qual travou-se, em 1711, o Combate das Salinas (Pereira da Costa, *Anais Pernambucanos*, vol. 2, Recife, Fundarpe, 1983).

A presença do governador na Tacaruna não se destinava a reverenciar esse rico passado. Ele e sua comitiva ali estavam de olhos postos no futuro: para visita às obras da Usina Beltrão. Ela ia ser a maior e mais moderna refinaria de açúcar da América Latina.

O grandioso edifício – o mesmo, com sua grande chaminé, que hoje, desgastado pelo tempo, se avista da avenida Agamenon Magalhães, ao lado do Centro de Convenções – achava-se quase concluído. Era um dos maiores, senão o maior do Recife. Quase todo o equipamento da indústria (turbinas gigantescas, geradores, caldeiras, destilaria, tanques) se encontrava nas proximidades. De tudo os visitantes tiveram a melhor das impressões.

Seguiu-se um requintado almoço (com menu em francês e vinhos Sauternes, Bordeaux e Pommard), oferecido pelo idealizador da usina, o empresário Antônio Carlos de Arruda Beltrão, de ilustre família pernambucana (o ministro Hélio Beltrão, que tantos serviços prestou ao país, foi um de seus netos).

O governo de Pernambuco nunca chegaria a honrar o compromisso, assegurado em lei ainda do Império e confirmado em decreto da República, de financiar um terço dos investimentos. Embora enfrentando grandes dificuldades de recursos, a Usina Beltrão funcionou, precariamente, em 1896-1897. O *Diario de Pernambuco* de 14 de novembro de 1896 publicou anúncio do açúcar refinado pela empresa: de "absoluta pureza", "superior poder adoçante", "economia", "beleza".

Por falha na montagem dos equipamentos, ele revelou-se inferior ao europeu. Por isso, não chegou a ser exportado, agravando a saúde econômica do negócio.

Após complexa negociação, a Usina Beltrão foi adquirida pelo lendário coronel Delmiro Gouveia (1899). Decidido a soerguê-la, tornando-a capaz de refinar todo o açúcar de Pernambuco, ele nela investiu vultosa quantia. Mas nunca obteve a cana e o açúcar bruto de que necessitava: em razão de seus profundos desentendimentos com o grupo político do conselheiro Rosa e Silva, hegemônico no estado. Como Beltrão, que empenhara na usina sua fortuna, o coronel pagou caro o sonho de progresso. Decidiu mudar-se para Pedra, hoje Delmiro Gouveia, no sertão de Alagoas. (Limério Moreira da Rocha, *Usina Beltrão/Fábrica Tacaruna*. Liber Gráfica Editor, Recife, 1991. Este livro me foi gentilmente cedido pela antropóloga Maria Beltrão.)

O restante dessa história, por ser recente, é mais conhecido. Inutilizado por longo período (até 1924), o prédio da Usina Beltrão, já em estado precário, foi adquirido pelo Grupo Meneses. Nasceu nele a Fábrica Tacaruna, grande indústria têxtil, de cobertores. A empresa viveu duas décadas de prosperidade, depois período difícil, até ser adquirida (em 1975) pela firma Tecelagem Parahyba do Nordeste S.A., controlada por grupo paulista. Mesmo enfrentando crises sucessivas, a fábrica manteve-se em atividade até a segunda metade dos anos 1980.

No começo deste século, o governo do estado adquiriu a Tacaruna já na posse do Banco Econômico, em liquidação pelo Banco Central. Ela está destinada a abrigar o Complexo Cultural Tacaruna (ou, simplesmente, Tacaruna Cultural), idéia há muito acalentada.

Pouco releva que esse importante projeto também já tenha enfrentado muitos percalços. Em princípio, ele deveria orientar-se por dois vetores principais. O primeiro valorizava a memória da cultura pernambucana, em particular das artes, traduzindo-se em um Memorial da Cultura de Pernambuco. O segundo vetor voltava-se, com preocupação universalista, para a arte contemporânea, as artes visuais sobretudo, buscando seu desenvolvimento entre nós. E buscava olhar para o futuro como desafio e promessa de melhores dias para Pernambuco.

A chama continua acesa. Os que ainda a protegem e alimentam desconhecem lugares malsinados, onde nada parece dar certo. E crêem que as idéias não morrem.

Quem viver verá.

Publicado no *Diario de Pernambuco*, sexta-feira,
9 de janeiro de 2004.

Por ti América

A EXPOSIÇÃO *POR TI AMÉRICA: arte pré-colombiana* (Centros Culturais Banco do Brasil – Rio de Janeiro, Brasília e São Paulo, 2005-2006), ao tempo em que revela a força, a riqueza e o mistério das civilizações ameríndias, completa o mergulho nas raízes não-européias do Brasil já propiciado pelas mostras *Arte da África* (2003-2004) e *Antes: histórias da pré-história* (2004-2005), também realizadas pelos CCBBs.

Quatro grandes regiões culturais das Américas estão representadas.

A Mesoamérica (sul-sudeste do México e boa parte da América Central) abrigou, entre muitas, as civilizações olmeca (seus primeiros grandes centros cerimoniais remontam a 1.500 anos a.C.), maia (300 anos a.C.) e asteca (séculos XIV-XVI), esta última destruída por Hernán Cortés em 1521.

Nos Andes desenvolveram-se, dentre outras, as culturas chavin (a mais antiga, datando de 1000 anos a.C.) e Inca (séculos XII-XVI), centrada em Cuzco e conquistada por Francisco Pizarro em 1532.

Na região chamada Circuncaribe (terras continentais que circundam o mar do Caribe e ilhas nele situadas) desenvolveram-se, entre tantas, as culturas zenu (desde 500 a.C.) e tairona (desde o século XI), ambas na Colômbia e muito hábeis e criativas na ourivesaria.

A última região, vagamente chamada Terras Baixas da América do Sul (que cobrem – e ultrapassam – o território do Brasil), abrigou inúmeras populações de hábitos de viver mais homogêneos e primitivos. Além da identidade cultural relativa que elas revelam, cabe destacar-lhes a produção de cerâmica, mais notável no Pará: na ilha de Marajó (entre os séculos V e XIV) e em Santarém (a partir do século IX).

Por sobre essas quatro grandes regiões, a exposição combinou, com grande talento e habilidade, centenas de objetos, produzidos segundo as mais diversas técnicas lítica, cerâmica, metalúrgica (ouro, prata, bronze) e têxtil. Delineando roteiro que capta e interpreta, em cinco módulos, a riqueza, variedade e vigor das tantas civilizações e culturas representadas.

O primeiro módulo (Cosmovisão) ilustra as diversas narrativas de origem, conformando os mitos da criação do mundo e do homem que, no modo de ver pré-colombiano, expressam-se em forças antagônicas na busca constante do equilíbrio. O segundo (Sociedade e Assentamento) repassa as formas de uso da terra: a caça, a coleta dos frutos da floresta, os cultivos – e neles, toda a simbologia que o milho representa como alimento, fulcro da estratificação social, garantia do futuro. No terceiro (Sociedade e Religião), refazem-se os elos entre este e o outro mundo, encadeados pelas festas aos mortos e sua indelével presença entre os viventes. O quarto módulo (Política e Sociedade) introduz as liturgias do poder e os ritos da guerra, vista como conquista e louvação aos deuses. E o último (Sociedade, Comunicação e Linguagem) decifra os códigos contidos nas formas e ornatos dos objetos expostos, expressões complexas do espírito e da alma de culturas que avançaram tanto na matemática, astronomia, arquitetura e agropecuária quanto na política, religião e artes.

Menos que a todas as Américas, *Por ti América* volta-se ao mais fundo passado não-europeu de uma das Américas: a talvez impropriamente chamada América Latina. Malgrado os horrores praticados em Tenochtitlan e Cuzco, as projeções americanas de Espanha e sobretudo Portugal foram, em alguns aspectos, mais exitosas. Houve menos extermínio e segregação que na América do Norte. Graças a intensa miscigenação racial e cultural, fundaram-se sociedades complexas e originais. México, Peru, Colômbia, outros países orgulham-se das raízes ameríndias.

No Brasil, desde o século XIX, com o indianismo, valoriza-se o passado pré-colombiano. Falta é conhecê-lo melhor.

Publicado no Jornal do Commercio, domingo,
12 de fevereiro de 2006.

ARTES

Esplendores de Espanha

É SIGNIFICATIVA A PRESENÇA de Pernambuco na exposição *Esplendores de Espanha: de El Greco a Velázquez*, em exibição no Museu Nacional de Belas Artes. Para os amantes da arte e da história, visitá-la vale uma viagem ao Rio de Janeiro.

Inaugurada em junho (2000) por suas majestades os reis da Espanha, a excepcional mostra evoca o período, de 60 anos (1580-1640), da junção, sob os monarcas da Casa da Áustria Filipe II, III e IV, das coroas da Espanha e de Portugal, a chamada União Ibérica, fase sem dúvida culminante do longo Século de Ouro espanhol (1519-1648): o século de Cervantes, Lope de Vega, Quevedo; e de El Greco, Zurbarán, Velázquez.

Esplendores de Espanha ocupa quase todo um andar do MNBA, desdobrando-se em quatro blocos.

No primeiro bloco, "A União Ibérica", destaca-se estupenda galeria de retratos da realeza espanhola (e óleo ímpar, de grande luminosidade, de dom Sebastião de Portugal). Além das edições da primeira parte do *Dom Quixote*, publicada em Lisboa no mesmo ano, 1605, em que o foi na Espanha, e de *Os Lusíadas*, impressa em Salamanca em 1580 (a edição *princeps* é de Lisboa, 1572), prova da intensa interação cultural então existente entre os dois reinos.

O terceiro bloco, "A cultura que seduziu a Europa", apresenta rico acervo documental da arte religiosa, da historiografia, das ciências e literatura do chamado (pelos portugueses) "Tempo dos Felipes". E o quarto, "A arte espanhola durante a União Ibérica", é principalmente um esplendoroso painel da pintura do *Siglo de Oro*, desde El Greco até Velázquez.

Mas é no segundo bloco da mostra, "A defesa do império ultramarino", que se vêem (reunidos pela primeira vez e ladeados por paisagens de Pernambuco: os conhecidos óleos de Frans Post, do acervo do MNBA) três grandes quadros, de autoria de Juan de la Corte (1580-1662). Eles retratam a campanha hispano-lusitana contra a ocupação do Nordeste pelos holandeses.

As duas primeiras telas documentam, com grande apuro gráfico e rico movimento, a batalha naval (1631) travada nas costas de Pernambuco entre as esquadras de dom Antonio de Oquendo e do almirante neerlandês Adriæn Janszoon Pater; a última tela é belíssima representação, emoldurada pela praça fortificada do Recife protegida pela armada das Províncias Unidas, da expedição de dom Lope de Hoces y Córdoba (1635), que não pôde avançar para o porto devido ao fundo calado de seus galeões.

É de lamentar-se que inexista no Recife espaço com dimensões e recursos técnicos capazes de abrigar exposições do porte de *Esplendores de Espanha*: ela, e outras tantas mostras recentes de grande significado, como as exposições de Rodin, Dalí, Monet, Guignard, vêm dinamizando a vida artística do Rio deste fim de século XX.

O complexo de atividades envolvendo a cultura, o turismo e o lazer está entre os que mais crescem no mundo de hoje. Gera riqueza, renda, empregos. Sustenta ou dinamiza a economia de muitos países e regiões.

Pernambuco tem, como o Rio de Janeiro, claras vantagens competitivas nessas atividades. A criação, o desenvolvimento e a expansão, no Grande Recife, de espaços culturais modernos, amplos, bem equipados – utilizados de forma múltipla, criativa, inovadora – são investimentos de elevado retorno.

Eles não contentam apenas o espírito. Não são coisas supérfluas, elitistas, adiáveis. Nem, como os castelos de Espanha da bela fábula de La Fontaine, sonhos impossíveis de uns poucos visionários.

Publicado no Diario de Pernambuco, quinta-feira, 31 de agosto de 2000.

Surrealismo: a razão desafiada

A PROMOÇÃO *SURREALISMO* (Centro Cultural Banco do Brasil, Rio de Janeiro, até outubro de 2001) é um acontecimento de brilho. Seu carro-chefe, cuidada exposição de mais de trezentas obras do movimento, exibe pinturas, gravuras, esculturas, desenhos, objetos, colagens, fotografias e publicações, assinados, entre outros, por André Breton, Max Ernst, Dalí, Picasso, Miró, Magritte, Hans Arp, Man Ray e Victor Brauner, além dos brasileiros Tarsila do Amaral, Flávio de Carvalho, Guignard, Ismael Nery e Maria Martins (e dos pernambucanos Cícero Dias e Vicente do Rego Monteiro).

Longas esperas crescem no térreo do CCBB, sob a espreita de um enorme peixe cor-de-rosa, imagem sólida do "peixe solúvel" de Breton, símbolo do surrealismo. Formadas sobretudo por jovens, as filas serpenteiam entre sofás vermelhos formando grandes lábios carnudos. São ofuscadas por textos surrealistas projetados do teto sobre o chão de mármore. E surpreendidas por esbeltos manequins andantes, os corpos e rostos vestidos de preto, os chapéus, coloridos abajures. O catálogo da exposição é, ao modo sobre-realista, uma grande caixa lúdica, com várias divisões cheias de brochuras, *folders*, cartazes, cartões, além de um erótico objeto, mole, inflável, pedindo para ser tocado. Outros eventos, tais como filmes e vídeos, leituras, seminários, ocorrem simultaneamente.

O surrealismo foi um dos mais importantes movimentos culturais do século passado. André Breton, seu criador e teórico, define-o como o "automatismo psíquico puro" que pretende expressar "o funcionamento real da mente". Devendo despojar-se de "todo controle exercido pela razão, despir-se de qualquer preocupação estética ou moral". E basear-se na "crença em uma realidade superior", "no poder absoluto do sonho, no jogo desinteressado do pensamento" (*Manifesto do surrealismo*, 1924).

O movimento, iniciado na França por jovens poetas determinados a transformar o mundo, logo se refletiu nas demais artes: pintura, escultura, teatro, cinema. E difundiu-se pela Europa e América. Ele não se caracteriza por um estilo próprio. É mais um modo de sentir e ler a realidade, uma atitude perante a vida: alimentados pela contestação, inclusive política; carregados do pessimismo cultural peculiar à *intelligentsia* européia do entre-guerras.

O discurso surrealista negou a razão que aprisiona. A rica e polivalente produção artística nele inspirada, porém, apenas pôde desafiá-la: pelo que contém de improvável e aleatório, onírico e ilusionista, visionário e mítico. E tanto por vôo incerto na hiper-realidade quanto por mergulho lúbrico penetrando as cavernas do inconsciente.

O surrealismo não prosperou num Brasil defendido pelo positivismo. Há no *Manifesto antropofágico* (1928) tênues reflexos dele. Seu autor, Oswald de Andrade, foi um nacionalista confiante no progresso, credo absurdo aos surrealistas. O icnoclasta Mário de Andrade criticou o "hermetismo absolutamente cego", a "falta de lógica" de "certos [poetas surrealistas] franceses" (*A escrava que não é Isaura,* 1925).

Apenas Maria Martins (com sala especial para seus bronzes na mostra do CCBB), que fez carreira na França e nos Estados Unidos, integrou o movimento e participou da Exposição Internacional do Surrealismo (Paris, 1947), organizada por Breton.

São, porém, inegáveis as influências do movimento sobre os demais artistas brasileiros presentes na exposição carioca, bem como sobre poetas nossos como Jorge de Lima e Murilo Mendes.

> Publicado no *Diario de Pernambuco*, quinta-feira,
> 6 de setembro de 2001 (com ilustração de Miró).

Estética da audácia

O Paço Imperial (Rio de Janeiro) abriga, até 10 de junho próximo (2001), a exposição *Espelho cego: seleções de uma coleção contemporânea*. Ela exibe parte do importante acervo de arte formado, ao longo de duas décadas, pelo galerista pernambucano Marcantonio Vilaça, falecido precocemente no ano passado, aos 37 anos.

A mostra, com 142 obras de 95 autores, brasileiros e estrangeiros, é rico e representativo repertório das artes visuais de hoje. Organizada com competência e sensibilidade pela curadora Márcia Fortes, desdobra-se em módulos que intentam captar tênues afinidades, sussurrados diálogos, possíveis proximidades entre obras e autores.

A exposição, porém, flui à revelia desses segmentos, plural, inquietadora, surpreendente: como a própria arte contemporânea, a arte do tempo de Marcantonio.

Ao percorrê-la, o visitante sente-se crescentemente desafiado a decifrar a proposta estética subjacente às escolhas do colecionador e empresário cultural sofisticado, criativo, ousado.

Que propósito, que princípio, que programa terão, com efeito, unido formas e cores tão diversas, texturas e materiais tão inusitados, partidos e técnicas tão inesperados, símbolos e mensagens tão díspares? O que aproxima o lirismo carmim de singelas flores de plástico (Maria Fernanda Cardoso, Colômbia, sem título e data) e a crueza da *Extirpação do mal por incisura* (Adriana Varejão, Brasil, 1994)? Que paralelo há entre o trançado delicado de Beatriz Milhazes, Brasil (*A casa de Maria*, acrílica sobre tela, 1992) e a sutilmente irônica representação dos televisivos *Jack e Jill* (Charles Long, Estados Unidos, plástico, 1994)? Como conjuminar a textura vulcânica e abstrata de Nuno Ramos, Brasil (técnica mista sobre tela, sem título e data) e a fina pintura do díptico figurativo de Francis Alÿs, Bélgica (*O positivista*, óleo sobre plástico e óleo sobre metal, 1996)? E o que dizer da transmutação, em um mesmo artista, Luiz Zerbini (Brasil), dos pesados volumes e fortes cromos de *A betoneira* (acrílica sobre tela, anos 1980) para as luzes filtradas e parametrizadas de *Janela para o mar* (acrílica sobre papel, 1991)?

Resposta difícil, sobretudo para os que não conheceram Marcantonio Vilaça, artista do ver e do sentir. Tendo com ele convivido, arrisco a dizer que sua coleção reflete e avaliza um forte, consistente compromisso estético. Que vai além da beleza como simetria e equilíbrio ao incorporar desarmonias, instabilidades. Que rejeita dogmas e cânones, desafiadora, irredenta, inovadora. Sua razão, dialógica, comunicativa, enxerga várias verdades. Sua paixão, inquieta, sem censuras, impulsiona múltiplas buscas.

É uma estética da audácia, plausível, complexamente compartilhada tanto pelo colecionador quanto pelos artistas e obras que elege. Contesta o certo, esperado. Nutre-se no aleatório, improvável.

A exposição *Espelho cego: seleções de uma coleção contemporânea* segue ainda este ano para São Paulo. Parte dela deverá ser exibida, em 2002, no Recife e em Salvador.

Publicado no *Diario de Pernambuco*, 31 de maio de 2001
(com ilustração de Hime).

O centenário de Verdi

OS PRINCIPAIS CENTROS MUNDIAIS da música erudita estão dando ênfase, em suas programações do corrente ano de 2001, à obra de Giuseppe Verdi (1813-1901), em comemoração ao centenário da morte do grande compositor italiano, autor de 26 óperas.

Dentre outras iniciativas em sua homenagem, o Theatro Municipal do Rio de Janeiro – que disputa com o Teatro Colón, de Buenos Aires, o lugar de mais importante palco operístico da América Latina – montou recentemente a ópera *Simon Boccanegra* (1857, revista em 1881), que teve várias e concorridas apresentações.

Simon Boccanegra não se inclui entre as óperas mais populares de Verdi, *Rigoletto* (1851), *O trovador* (1853) ou *Aída* (1871). Nem entre suas melhores obras: *La Traviata* (1853), *Dom Carlos* (1867), a "ópera-concerto" *Requiem* (1874) e, em especial, as shakespearianas *Otelo* (1887) e *Falstaff* (1893).

Ao contrário: foi mal recebida em sua estréia, em Veneza (poderia ter tido mais sucesso em Gênova, onde toda a trama se desenrola), tendo sido vista como sombria, triste, "alemã", a negação do canto italiano.

Desapareceu dos palcos até que, fundamente revista por Verdi sobre novo libreto – do jovem e irredento poeta Arrigo Boito, também colaborador do compositor em *Otelo* e *Falstaff* –, estreou com êxito em 1881, no Scala de Milão.

Dessa revisão resultou um primeiro ato primoroso, aplaudido com estusiasmo na cenicamente brilhante e musicalmente aplicada montagem carioca. Ele culmina com cena (a do Conselho, ou Senado...), expressão do idealismo político de Verdi, então um herói da unificação italiana (lembre-se o lema V.E.R.D.I. – Vitorio Emmanuele (II), Rei de Itália – bradado em uníssono nos teatros e nas ruas), e das avançadas idéias sociais de Boito. Cena que muitos consideram a melhor de toda a ópera italiana e que, embora tenha contribuído para a reavaliação contemporânea de *Simon Boccanegra*, dificilmente será capaz de torná-la popular, ou de elevá-la ao nível de *Dom Carlos*, que também aborda tema de ordem político-social.

O importante, porém, é que a encenação de 2001 dessa ópera no Municipal do Rio de Janeiro (as anteriores ocorreram, ali mesmo, em 1942-1943 e 1954), abrilhantada pela soprano brasileira Eliane Coelho, estrela da insuperável Ópera Estatal de Viena (hoje, há a Ópera de Viena e, depois, as outras...), foi espetáculo de muito bom nível, realçando e lustrando com felicidade essa complexa e grave obra verdiana.

Cresce em todo o mundo o gosto pela ópera. No Rio e em São Paulo, a audiência se divide quase ao meio entre os já velhos e os muito jovens, sinal de que está se formando um novo público.

O fenômeno espalha-se pelo Sudeste e Sul e alcança o Norte do país: em Manaus, foi criada, por iniciativa governamental, a Filarmônica Amazonas, resultante de colaboração com países da Europa do Leste. E no Teatro Amazonas vem ocorrendo, há quatro anos, o Festival Amazonas de Ópera, que reverbera em Belém (o deste ano, o V Festival, terá como diretor artístico o maestro Luiz Fernando Malheiro, responsável pela direção musical e regência do *Simon Boccanegra* brasileiro).

No Nordeste, uma articulação entre o Recife, Salvador e Fortaleza, com apoio governamental, bem que poderia viabilizar espetáculos de ópera, com participação de artistas locais e com o apoio do Municipal e do Colón, que já mantêm intensa e crescente cooperação entre si.

Publicado no *Diario de Pernambuco*, com o título "Boccanegra e o Tacaruna", 3 de maio de 2001.

Mozart, 250 anos

MOZART, 250 ANOS. Em aniversário tão significativo, a Áustria e o mundo celebram-lhe o gênio. Apresentações especiais de suas óperas, séries extaustivas das sinfonias e concertos, festivais, novos museus, exposições, colóquios. Em Salzburgo e Viena principalmente. Por toda parte onde seu iluminado legado reverbera.

Wolfgang Amadeus Mozart nasceu em Salzburgo na noite de 27 de janeiro de 1756. Dos sete filhos de seu pai, Leopold Mozart, compositor e vice-mestre-de-capela do príncipe-arcebispo da cidade, somente dois sobreviveram: Maria Anna ("Nannerl") e Wolfgang, quase cinco anos mais moço.

Ambos cedo demonstraram grandes talentos musicais, administrados por Leopold. Aos cinco anos, W. A. Mozart já compunha minuetos e outras pequenas peças. Elas atestam inegável domínio das formas musicais. Desde então hábil no cravo e no violino, ele se consolidou ao longo dos anos 1770 como grande virtuoso do piano.

A extenuante série de viagens (Mozart empenhou nelas um terço da vida) iniciou-se logo em 1762. Por iniciativa do pai empresário, Wolfgang (e Nannerl) apresentou-se com êxito em Munique, Viena e Bratislava. Seguiram-se a grande turnê européia (1763-1766), que incluiu Paris e Londres; a segunda temporada em Viena (1767-1779);

as três viagens à Itália (1769-1773), com Milão, Roma, Nápoles. De novo Viena e Munique (1773-1774), Paris e Munique (1777-1779).

A partir de 1781, Mozart transfere-se de vez para Viena, lá se casando com a soprano Constanze Weber, com quem teve seis filhos. Passou a trabalhar como *freelancer*: compositor, virtuoso do piano executando a própria produção, professor de música. Os seus últimos 10 anos foram o período das grandes sinfonias e óperas: de beleza sem igual, grande riqueza harmônica e profusa criatividade.

Padecendo de febre reumática, Mozart ficou seriamente doente em 1791 – a ponto de não poder acabar a "Missa de Réquiem" encomendada para o conde Franz Von Walsegg, concluída por seu aluno Franz X. Süssmayr. Vindo a falecer na manhã de 5 de dezembro de 1791, com menos de 36 anos.

O famoso Catálogo Köchel (*Köchel-Verzeichnis*, 1862) contempla 626 obras de Mozart: para o teatro, orquestrais, sacra, de câmara, ordenadas cronologicamente com um KV (ou K.) seguido do número.

Entre suas 22 composições para o teatro (óperas e *singspiele*), cabe referir a precoce e encantadora *Bastien et Bastienne* (KV 50, 1768, escrita aos 12 anos), além das célebres *Die Entführung aus dem Serail* – KV 384, 1782 (*O rapto do serralho*), *Le Nozze di Figaro* – KV 492, 1786 (*As bodas de Fígaro*), *Don Giovanni* – KV 527, 1787, *Così fan tutti* – KV 588, 1790, e a fantástica *Die Zauberflöte* – KV 620, 1791 (*A flauta mágica*), com o libretista Emanuel Schikaneder tornando-se famoso ao encarnar na estréia o primeiro Papageno.

As obras orquestrais compreendem mais de 50 sinfonias, destacando-se a *Paris* (n. 31, K. 297, 1778, em ré maior), a *Haffner* (n. 35, K. 385, 1782, em ré maior), a *Linz* (n. 36, K. 425, 1783, em dó maior), a *Praga* (n. 38, K. 504, 1783, em ré maior) e a *Júpiter* (n. 41, K. 551, 1788, em dó maior). Além das 27 concertos para piano, cinco para violino, quatro para trompa, três para flauta, três para cravo. E numerosas marchas, danças, divertimentos e serenatas – entre elas *Eine kleine Nachtmusik* – K. 525, 1787 (*Pequena serenata noturna*).

Na música sacra destacam-se as 19 missas, sendo a mais famosa a da *Coroação* (K. 317, em dó maior, 1779). Na produção camerística, de menor importância relativa, destacam-se as sonatas e os quartetos.

Toda a imensa obra mozartiana será editada, apresentada e gravada este ano na Europa, mormente em Salzburgo e Viena. Afinal, Wolfgang Amadé Mozart (assim ele muitas vezes se assinou) é o mais famoso dos austríacos. Insuperável foi sua genialidade. Com ele a música ocidental atingiu o ápice.

Publicado no *Jornal do Commercio*, terça-feira, 17 de janeiro de 2006.

Eckhout e o Palácio Friburgo

A EXPOSIÇÃO *ALBERT ECKHOUT volta ao Brasil, 1644-2002* (Recife, até 24 de novembro de 2002) é acontecimento imperdível. Torna-se ainda mais importante ao marcar o início das atividades do Instituto Ricardo Brennand, iniciativa cultural de grande significado liderada e patrocinada pelo empresário e amante das artes Ricardo Brennand.

Abriga a mostra o bem-equipado edifício destinado à pinacoteca do IRB, que possui rico acervo, centrado no período de dominação neerlandesa no Nordeste. Sua inauguração está prevista para março do próximo ano.

Albert Eckhout (Groningen, Holanda, 1610-1665) integrou o pequeno mas seleto grupo de cientistas e artistas trazidos pelo conde Johan Maurits van Nassau-Siegen para estudar e documentar o Brasil. Aqui viveu, nos quase oito anos do governo nassoviano do Brasil Holandês (1637-1644), o tempo do amadurecimento: dos 27 aos 34 anos. Em anotação de 1643, está incluído, juntamente com o pintor Frans Post e o astrônomo e naturalista Georg Marcgrave, cada um deles acompanhado de um moço ajudante, entre os 46 convivas de Nassau no Palácio Friburgo.

Eles integravam uma corte cosmopolita e jovem, formada por "guapos fidalgos", militares, homens de estudo, secretários, mordomos... e "nenhuma mulher", nota, em estudo de 1981 sobre Eckhout, Clarival do Prado Valadares ("não é fofoca", Valadares faz questão de reparar).

A vasta obra de revelação do Brasil aqui produzida por Eckhout foi levada para a Europa por Nassau, que a utilizou para ampliar sua fortuna, prestígio e glória. Vendeu (1652) a produção eckhoutiana de natureza documental a Frederico Guilherme, eleitor de Brandemburgo: composta de 417 desenhos, a maior parte deles a óleo-guache sobre papel. Esses estudos estão na origem da obra pictórica de Eckhout, "doada" em 1654 por Nassau a seu primo Frederico III, rei da Dinamarca. Estão sendo exibidos (pela primeira vez) no Recife todos os 21 óleos sobre tela remanescentes dos 23 quadros, comprovadamente de Eckhout, incluídos naquela doação. Um deles, retrato de Nassau, foi destruído em incêndio (1794). E uma grande tela, com João Maurício "e vários brasileiros, chefiados por ele na guerra", teria desaparecido sem deixar vestígios.

Merece consideração a hipótese (defendida por Rebecca Parker Brienen em estudo de 2002) de que essa obra monumental de Eckhout teria sido minuciosamente arquitetada para decorar o salão principal do Palácio Friburgo, erguido pelo conde na Cidade Maurícia. Os oito grandes quadros (c. 270 x 160cm) – representando um homem e uma mulher das quatro "nações" então governadas por Nassau no Brasil: a tapuia, a tupi, a mestiça e a negra – seriam destinados a decorar as paredes maiores do espaçoso salão retangular. *Dança dos tapuias* (172 x 295cm) ficaria na parede menor, ao fundo. O desaparecido *Maurício de Nassau com brasileiros* na parede principal. As 12 naturezas-mortas (c. 90 x 90cm) formariam uma espécie de friso descontínuo, posto acima dos 10 quadros maiores. E o incendiado retrato de Nassau ocuparia o hall de acesso ao salão.

Longe, portanto de serem "retratos etnográficos", os remanescentes nove grandes quadros de Eckhout teriam sido pensados para integrar uma alegoria, de grande força simbólica, ao poderio colonial neerlandês, sendo, ao mesmo tempo, uma apoteose a seu nobre e iluminado chefe. Ela comporia, com o Palácio Friburgo (ou das Torres) e a própria Mauriciópolis, majestoso cenário para a maior teatralização do poder até então encenada nas Américas.

Retirado, solitário, João Maurício, príncipe do Sacro Império, poucos meses antes de morrer (1679), sentiu saudades dos quadros de Eckhout. Tentou aflito reaver as pinturas das "nações selvagens" que, jovem ainda, aqui comandara.

Alheias a seus apelos, elas permaneceram em Copenhague.

Publicado no Diario de Pernambuco, quinta-feira, 24 de outubro de 2002.

O Brasil de Post e Vingboons

A PAISAGEM CULTURAL do Recife vê-se presentemente enriquecida de duas magníficas exposições. *Frans Post e o Brasil holandês* na coleção do Instituto Ricardo Brennand, IRB, tem como fulcro 15 quadros a óleo de Post (1612-1680), o primeiro paisagista das Américas. *Desenhos da Terra: Atlas Vingboons* (no Instituto Cultural Bandepe) expõe pela primeira vez 34 mapas do litoral brasileiro, desenhados pelo cartógrafo holandês Joan Vingboons (1616-1670) e pertencentes ao Instituto Arqueológico, Histórico e Geográfico Pernambucano, IAHGP.

Ambas as mostras, abertas pela rainha Beatrix, da Holanda, quando de sua recente visita ao Recife, vinham sendo, por diversas razões, ansiosamente aguardadas. Um véu de mistério, muito falar e pouco ver, envolveram a formação do acervo da pinacoteca do IRB. De certo sabia-se que seu foco seria o século XVII, especificamente o período da ocupação holandesa do Nordeste.

O famoso, quase lendário *Atlas* de Vingboons (trazido em 1886 da Holanda por José Hygino Duarte Pereira, historiador e membro do IAHGP comissionado a coligir documentos relativos à presença neerlandesa no Brasil), era relíquia só acessível a uns poucos. Embora zelosamente guardada, não lograra escapar às marcas, cada dia mais visíveis, do tempo. Valeu, nos dois casos, a espera.

Afastando brumas, desarmando incrédulos, Ricardo Brennand reuniu, em poucos anos, coleção admirável, que enriquece o patrimônio cultural brasileiro.

Os 15 óleos de Post incorporados à pinacoteca do IRB abrem a primeira parte da exposição. Eles correspondem a 10% dos quadros conhecidos do pintor e documentam bem as diversas fases de sua obra. O mais importante deles, de 1640, retrata a mistura incerta de terra e água onde foi erguida a Cidade Maurícia. Pertenceu a Maurício de Nassau e a Luís XIV, da França. É o único Post pintado no Nordeste existente no país. Completam essa primeira parte as gravuras baseadas em desenhos de Frans Post que ilustram o livro de Barleus, belamente aquareladas.

A segunda parte focaliza a figura de Nassau, com duas cópias, do século XVII, dos retratos do conde feitos por Nason e De Baer, além de mapas, objetos, moedas, livros e documentos raros.

A terceira parte exibe quatro tapeçarias Gobelins (França, fins do século XVII), baseadas em desenhos de Eckhout e possivelmente influenciadas pelos quadros de Post presenteados por Nassau a Luís XIV.

Dissipando temores, superando riscos, José Luiz Mota Meneses, presidente do IAHGP, comandou a feliz restauração do Atlas Vingboons, patrocinada pela Embaixada dos Países Baixos no Brasil. Ele e Marcos Galindo, apoiados por Carlos Eugenio Trevi (coordenador do Instituto Cultural Bandepe), montaram a exposição da obra.

A mostra é impecável: pela clareza com que apresenta as belas pranchas aquareladas de Vingboons (uma simbiose de técnica já avançada de representação cartográfica e grande sensibilidade artística); pela contextualização delas mediante legendas precisas, iconografia competentemente selecionada, além de instrumentos náuticos, armas, moedas e outros objetos que remetem a um passado que parece renascer, tornando-se quase milagrosa no transformar espaço exíguo em percurso fluido e encantado, que tudo, até o piso, aproveita e valoriza.

A Holanda cobiçava a empresa agroaçucareira florescente no Nordeste do Brasil. Mapeamentos rigorosos e detalhados como os de Joan Vingboons formaram o conhecimento estratégico necessário à ocupação. Mas a terra persistiu estranha para os invasores da Europa do Norte.

Ao olhar educado mas surpreso de Frans Post não escaparam o céu, a luz tropicais, a flora, a fauna exóticas. Nem as três raças diferentes impelidas a misturarem-se.

Publicado no *Diario de Pernambuco*, domingo, 1º de junho de 2003 (em "Carta ao Leitor", com foto do autor).

Tesouros de São Bento, Olinda

A EXPOSIÇÃO O TESOURO DOS ABADES: *a arte devota do Mosteiro de São Bento de Olinda* (Instituto Cultural Bandepe, 2004) tem a primazia de tornar públicos, de forma ordenada, a ourivesaria, a imaginária, as vestes e outros objetos litúrgicos que integram o rico acervo beneditino de Pernambuco. É também homenagem a uma instituição de grande relevância histórica e cultural. E a um lugar mágico pela paz, beleza e verdade que comunica.

A presença dos beneditinos em Olinda remonta ao último quartel do século XVI. O mosteiro e a igreja primitivos, construídos provavelmente entre 1597 e 1609, consumiram-se no incêndio da cidade pelos holandeses (1631). Deles conhecem-se apenas fragmento de retábulo de um altar, talhado em calcário, e possíveis ruínas de seus alicerces, recentemente descobertas. Quase tudo que sobrou como escombros foi utilizado pelos holandeses em novas construções, inclusive na edificação, 10 anos depois, do Palácio Friburgo, na Maurícia de Nassau.

Dispersos pelo interior, os monges somente voltaram a Olinda após a restauração (1654). A árdua tarefa de reconstruir (e ampliar) o mosteiro prolongou-se pelo que restou do século XVII e consumiu as energias da Congregação.

O famoso retábulo do altar-mor, obra-prima do barroco tardio, é bem mais recente: ele foi executado em 1783-1786, e seu risco é atribuído a frei José de Santo Antônio Vilaça. Data dos séculos XVIII e XIX muito do que hoje integra o conjunto arquitetônico beneditino. Entre 1827 e 1854, o Mosteiro de São Bento sediou os primeiros cursos jurídicos do país, criados por dom Pedro I simultaneamente em Olinda e São Paulo.

Não surpreende, portanto, que, nos tesouros da Basílica de São Bento de Olinda, reste pouca coisa de relevante dos séculos XVI e XVII. Do Quinhentos constam da exposição apenas o imponente báculo do São Bento do altar-mor, um limpo par de castiçais de banqueta, um singelo ostensório e uma elegante caldeirinha, todos de prata. Entre as peças do Seiscentos sobressaem o comovente Menino Jesus de Olinda, em terracota, obra de frei Agostinho da Piedade, e um severo busto de São Bento, de madeira policromada.

É, pois, o século XVIII que impera altaneiro por sobre os tempos da exposição: tanto na prataria faiscante e efusiva quanto na imaginária que transborda e excede, do mesmo modo que é a força do traço e da talha magníficos de um barroco maduro que impera à visão no interior da veneranda nave abacial olindense.

Destaque-se o primoroso catálogo da exposição. Além de muito bem-apanhado e ilustrado, ele contém textos eruditos e esclarecedores: entre outros, os de dom Bernardo Alves da Silva, abade (sobre a obra beneditina, em especial a Regra de São Bento: "Sigamos pelo Evangelho os seus caminhos"); de Múcio Aguiar Neto (sobre os beneditinos de Olinda e sua história); e, não menos relevante, de Reinaldo Carneiro Leão (sobre o tesouro dos abades, ou seja, a exposição em si mesma).

O Instituto Cultural Bandepe, coordenado por Carlos Trevi, poderia – quem sabe? – dedicar toda uma série de exposições aos muitos tesouros culturais de Pernambuco. Um óbvio candidato seria o Convento de São Francisco de Olinda; um outro, a coleção do antiquário José dos Santos, do Recife.

Publicado no Jornal do Commercio, quinta-feira,
4 de novembro de 2004.

Duas cidades

EM *DUAS CIDADES: pinturas e objetos, 1987-2001* (Museu Nacional de Belas Artes, Rio de Janeiro, julho-agosto de 2002), João Câmara continua a exercer, com singular talento, o ofício das cores.

O Recife e Olinda: o olho do artista os vê em muitos modos e tempos. Ele morou no Recife – no plano; mora em Olinda – no alto. Íntimo das duas cidades, apossa-se delas como suas. E é possuído por elas.

A memória constrói o itinerário, por paisagens e cenas companheiras, desse viajante fixo: presente na exposição em auto-retrato de corpo inteiro, frente e perfil assimétricos. Ele não segue cansado, crônico roteiro. Nacos desprendidos do passado ditam-lhe a caminhada. As baronesas do Capibaribe e o perfil imaginado do Recife refletido em suas águas compõem o grande políptico *O rio* (óleo sobre tela em madeira de 2,1 x 12,5 x 0,2m), acrescido de objetos em relevo. É a cidade impura, tingindo águas que foram limpas da humana condição.

O reflexo invertido de um letreiro de néon (onde mal se lê PHOENIX PERNAMBUCANA) projetado no asfalto molhado da avenida Guararapes dos anos 1950 remete à ave mítica envolta no fogo que consome e regenera. É ela que renasce, sob outras plumas, no quadro *Estação* (acrílica sobre tela, 1,3 x 1,7m) e no objeto *Ornato da Cumeeira* (óleo sobre madeira). Ou transmuta-se no zepelim pesando sobre o Recife e Olinda (lembrança de outras lembranças): escondendo as duas cidades em noite escura, sem geografia (*A noite,* acrílica e óleo sobre tela, 1,8 x 5,8m); abrindo seus amplos horizontes em uma tarde de ensangüentado verão (*O dia,* tríptico, óleo sobre madeira, 1,6 x 6,6m).

Olinda é recriada em obras como *Laribintos do Carmo*, de forte impacto, *Ladeira para a praia* e *Farol* (o quadro e o objeto, este laca sobre madeira de 4 x 0,9m). O Recife, interpretado em suas pontes, a velha e a "nova" (a da Boa Vista). As duas cidades estão irmanadas no quadro *Silos* (dois silos de trigo do porto grafados Olinda e Recife). E relembradas em seu passado mais remoto em obras como *Cahetés* (sobre uma Olinda já imaginada em gravura do século XVII), *Praia de Holanda* e *Retábulo*.

Figuras humanas de vários tempos, muitas delas captadas em objetos, povoam essa nova, rica e provocante interpretação dessas duas cidades brasileiras tão densas em história e literatura.

Duas cidades completa a trilogia iniciada por João Câmara com *Cenas da vida brasileira* (1974-1976) e continuada com *Dez casos de amor e uma pintura de Câmara* (1977-1983). Cada um desses três conjuntos pictóricos é consciente e refletida construção. Eles são diversos por suas temáticas. As *Cenas* são uma interpretação do mundo da política brasileira nos anos 1950, centrada em Vargas. *Dez casos*, uma fantasia sobre os jogos do amar. Mas um fio condutor os une: a transfiguração da "realidade" quando submetida ao crivo da memória e ao impulso revelador da arte.

Praticando razão impura, Câmara confirma em *Duas cidades* competência e criatividade. Essa sua última grande obra, exibida, antes do Rio, na Pinacoteca do Estado de São Paulo, deverá ser exposta no Recife, em março do próximo ano (2003), reinaugurando o Anexo do Museu do Estado.

Publicado no *Diario de Pernambuco*, quinta-feira,
29 de agosto de 2002.

Num piscar de olhos

EM 1984, O MUSEU J. PAUL GETTY, da Califórnia, adquiriu por 10 milhões de dólares – depois de longo e detido exame de sua história mais recente e exaustivos e meticulosos testes laboratoriais – uma estátua grega de mármore do século VI a.C.

A peça, com mais de dois metros de altura, era um curo (*koûros*, em grego): nu masculino do período arcaico, a perna esquerda à frente, os braços rigidamente colados ao lado do corpo. Seu estilo lembrava os famosos curos de Anavissos, pertencentes ao Museu Nacional de Arqueologia, de Atenas – com a vantagem de apresentar-se em ótimo estado de conservação.

Exibida pela primeira vez em 1986, a aquisição foi saudada triunfalmente, merecendo destaque de primeira página no *New York Times*.

A estátua, porém, logo enfrentou um problema: despertava forte desconfiança da parte dos especialistas. Ao observá-la, o historiador de arte italiano Frederico Zeri não tirou os olhos das unhas das mãos da escultura: algo nelas o intrigou profundamente. Evelyn Harrison, perita em escultura grega, sentiu instintivamente, ao primeiro olhar, alguma coisa errada na peça. Thomas Hoving, diretor do Museu Metropolitano de Arte, Nova York, anotou a primeira palavra que lhe veio à mente ao vê-la: noviça.

Em seminário organizado em Atenas para examinar o intrigante curo, Georgios Dontas, presidente da Sociedade Arqueológica de Atenas, afirmou: "Qualquer um que tenha visto uma escultura saindo de uma escavação sabe que essa coisa nunca esteve enterrada". Arematando: "Quando a vi pela primeira vez, senti como se houvesse um vidro entre mim e ela". Sintetizando as reações gerais, Angelos Delivorrias, diretor do Museu Benaki, de Atenas, disse: "Quando eu pus os olhos nela, senti subir uma onda de instintiva repulsa".

Aos poucos, os argumentos do Museu Getty a favor da autenticidade do curo foram caindo. Confirmando o que Zeri, Harrison, Hoving, Dontas e Delivorrias sentiram, num piscar de olhos, diante da obra: uma repulsa instintiva, que os tornara intuitivamente certos de sua falsidade. Eles tinham compreendido mais sobre a natureza da obra do que a equipe do Getty em 14 meses de aplicados estudos. O julgamento estético vencera a objetividade da ciência.

Blink, do inglês de formação canadense e vivência nova-iorquina Macolm Gladwell (Little Brown, Nova York, 2005), é um livro dedicado a examinar esse tipo peculiar de conhecimento, quase instantâneo. "O poder de pensar sem o pensamento" diz o subtítulo da obra.

Para o seu autor, é o "inconsciente adaptativo" (não confundi-lo com o inconsciente em Freud, "um lugar escuro e tempestuoso, povoado de desejos e memórias e fantasias"...) que processa esses atos cognitivos súbitos. Deles resultam mecanismos decisórios relâmpagos, capazes de formar julgamentos muito rápidos, baseados em pouquíssima informação e objeto de um novo ramo da psicologia. Um de seus precursores, Timothy Wilson – em *Strangers to ourselves: discovering the adaptative unconscious*, Cambridge, Harvard, 2002 – afirma que a mente trafega constantemente, ao sabor das circunstâncias, entre os modos de pensar consciente e inconsciente. Mas ela opera mais eficazmente quando descarrega grande parte do pensamento no inconsciente. Mais leve, avalia melhor o mundo circunstante, alertando perigos, definindo metas, movendo velozmente a ação.

A pressa é inimiga da perfeição, diz-nos a sabedoria convencional. Gladwell no entanto considera que as decisões-relâmpago podem ser tão boas quanto as longamente refletidas. Impulsos instintivos, sentimentos, intuições, empatias nutrem-se nas forças poderosas do inconsciente. São tão falíveis quanto a prudência, a razão, a análise, o experimento. Mas a espécie humana sobreviveu graças a eles.

Enquanto isso, o catálogo do Museu Getty continua a registrar a sua "estátua de um curo", "grega, de cerca de 530 a.C., ou falsificação moderna." Ela nada mais é que um desconcertante pastiche, de vários estilos, diferentes lugares e épocas. Sua origem provável é oficina romana do início dos anos 1980.

Publicado no *Jornal do Commercio*, 8 de agosto de 2006.

José de todos os santos

Houve tempo que se faziam em Pernambuco muitos santos e oratórios: do barro da terra, das árvores da floresta, tocados ambos pela crença e devoção dos homens. Santos de muitos milagres: de terracota e madeira policromadas, de pau oco, de roca. Oratórios de mil rezas e promissões: para casas ricas e pobres; para acompanhar os viajantes pelas veredas das matas, picadas dos sertões.

    O antiquário José dos Santos (o nome diz tudo) dedicou a vida a procurar e guardar toda uma variada gama de afirmações da cultura material do estado. É dele a mais abrangente e representativa coleção particular das artes pernambucanas: de arte sacra dos séculos XVII a XIX, com especial destaque para a imaginária religiosa (são milhares de santos, centenas de oratórios e outros objetos litúrgicos); de mobiliário, tanto residencial quanto comercial e religioso; de arte popular, com ênfase no artesanato em barro e madeira; de outras peças das artes plásticas e decorativas, como pinturas, esculturas, ornatos, azulejos e outros materiais empregados na construção civil e religiosa; de artefatos utilizados nos engenhos de açúcar, nos transportes, no comércio e de uso doméstico; e de objetos de procedência estrangeira utilizados pelas famílias em suas residências (louças, cristais, metais).

É, pois, de louvar-se a iniciativa do Instituto Cultural Bandepe, de promover a exposição *Coleção José dos Santos: a arte sacra do antiquário* (aberta ao público até 27 de novembro). Ela exibe uma pequena parcela das imagens de santos e dos oratórios do conhecido antiquário, cuidadosamente selecionados por ele próprio e pelo curador da mostra, Reinaldo Carneiro Leão. Entre os santos, merecem destaque as terracotas do século XVII e XVIII e as encantadoras imagens do Divino Espírito Santo. Entre os oratórios, os do século XVIII, tanto os de extração popular quanto os de traços *soi-disant* mais eruditos.

Há alguns anos, um grupo de pernambucanos procurou motivar o governo do estado a adquirir o imóvel da Fábrica Tacaruna (nos limites entre o Recife e Olinda) para ali instalar um complexo cultural de expressão nacional. Suas duas âncoras seriam a Coleção José dos Santos, um mergulho na memória das artes pernambucanas, e a Coleção Marcantonio Vilaça, de arte contemporânea, um abrir as portas para o futuro.

As tratativas para aquisição, pelo estado, do imóvel da Fábrica Tacaruna, embora dificultosas, foram afinal concluídas com êxito — graças ao empenho do vice-governador Mendonça Filho e ao apoio do governador Jarbas Vasconcelos.

A restauração da Fábrica Tacaruna vem sendo feita dentro do possível.

Mas parece ainda incerto o destino desse imponente imóvel. Ele vem sendo utilizado para umas poucas exposições temporárias ou para espetáculos de circo. Poderá ir se distanciando da finalidade para a qual teria sido inicialmente pensado: a de ser a Tacaruna Cultural, uma verdadeira referência para o Recife metropolitano, o estado, o Nordeste, o Brasil, além de inegável atração turística.

A Coleção José dos Santos, diz no catálogo da exposição Reinaldo Carneiro Leão, merece ser conservada em sua integridade: "para a preservação da cultura e da memória do povo pernambucano". Levantamento preliminar de seu acervo, feito pelo Instituto do Patrimônio Histórico e Artístico Nacional, Iphan, atesta sua qualidade. O Instituto Arqueológico, Histórico e Geográfico Pernambucano sugeriu a aquisição dela pelo estado.

Continua em jogo no Recife o destino de mais uma grande coleção de arte. Resta torcer para que desta vez a vitória seja de Pernambuco. O atual governo estadual, grande na infra-estrutura, grande na atração de investimentos, poderá, com o Tacaruna Cultural consolidado, tornar-se grande também na cultura.

Publicado no Jornal do Commercio, quinta-feira,
3 de novembro de 2005.

ECONOMIA

Capitalismo bem-temperado

EM TEMPOS DE ABERTURA e privatização, que tipo de capitalismo se deseja para o Brasil? Essa questão, presente no debate europeu há anos, está ausente da agenda brasileira de desenvolvimento.

Romano Prodi (1939-), que foi primeiro-ministro da Itália (1996-1998) e presidente da Comissão Européia (1999-2004), aborda o tema em livro intitulado *Il capitalismo ben temperato* (Il Mulino, Bolonha, 1995).

Ele observa que o processo de mundialização está pondo em confronto os dois arquétipos de capitalismo de mercado relevantes: o anglo-saxão e o germano-japonês.

O capitalismo anglo-saxão (Estados Unidos, Grã-Bretanha, Canadá, Austrália), apoiado em mercado de capital pulverizado, capaz de refletir rapidamente as mutações econômicas, é concorrencial e traduz o liberalismo. A propriedade do capital dissemina-se por milhões de acionistas, desinteressados da gestão cotidiana das empresas. Suas ações são vistas como um bem qualquer, compradas e vendidas aos preços de mercado e passíveis de aquisição por quem quer que seja, nacional ou estrangeiro.

O capitalismo teuto-japonês (Alemanha e norte da Europa, transportado ao Japão na segunda metade do século XIX) é formado por organizações de acionistas, comumente lideradas por um banco. Elas têm presença importante na condução do dia-a-dia das empresas e mantêm estreitas relações com o Estado, beneficiando-se de políticas públicas específicas. Embora suas ações sejam negociadas na bolsa, os arranjos institucionais que se adotam tornam virtualmente impossíveis transferências de controle não consentidas.

A intensa interação entre essas duas escolas de capitalismo no âmbito da globalização evidenciou suas diferenças e a necessidade de harmonização. Contudo, o capitalismo anglo-saxão, aberto e flexível, aderindo melhor aos mecanismos do mercado, guarda maior consistência com a ideologia e a práxis da globalização. E tudo indica que o paradigma mundial de capitalismo terá semblante mais anglo-saxônio.

O capitalismo brasileiro não mais se apóia no tripé constituído pelo capital estatal, privado nacional e estrangeiro. Ele está ultrapassado. Sua primeira perna foi amputada na cirurgia da privatização, conduzida sob o impacto do martelo nos leilões bursáteis e sem que se soubesse ao certo onde se queria chegar. A segunda perna, a iniciativa privada nacional, ainda remanesce no velho capitalismo familiar, mas vem se aliando, de modo quase sempre dependente, ao capital transnacional. A perna que se encorpa, quase em elefantíase, é a formada pelo capital estrangeiro, irrigada por financiamentos paraestatais.

As tendências que esses fatos apontam podem envolver riscos. Ninguém em bom juízo a defende hoje seja a empresa estatal, sejam barreiras ao capital externo. Contudo, a estreiteza dos mercados financeiro e de capitais do país; o porte modesto de seus grupos privados, nenhum deles global; a ausência de estratégia voltada a sua internacionalização podem reduzir os graus de liberdade necessários a uma inserção mais autônoma, ou menos subalterna, da economia brasileira no mercado mundializado.

Cabe, pois, refletir sobre qual deve ser a opção brasileira de capitalismo de mercado. É possível que venha a ser um tipo híbrido – afinal, somos um povo mestiço, bem-temperado racial e culturalmente –, com as virtudes (e sem as fraquezas) dos dois paradigmas de capitalismo: flexível como o anglo-saxão, mas resistente como o germano-japonês.

Para viabilizar esse modelo bifronte, há que se ampliar a participação, na propriedade do capital, da iniciativa privada brasileira – essencial à operação do sistema produtivo e ao crescimento com mais eficiência e eqüidade. Cabe também buscar, com apoio público, projeção brasileira sobre o mercado global compatível à dimensão do país – superando a síndrome da continentalidade, que induz as empresas brasileiras, e as estrangeiras aqui instaladas, a voltarem-se excessivamente para o mercado interno. Assim proporcionando ativa internacionalização dos vetores mais dinâmicos, competitivos e inovadores da economia.

Publicado no *Diario de Pernambuco*, quinta-feira,
3 de agosto de 2000.

A nova riqueza das nações

"Os PAÍSES POBRES, as pessoas pobres diferem dos ricos não apenas porque têm menos capital, mas porque têm menos conhecimento." Foi assim que o Banco Mundial, em documento oficial de fins do século passado, sintetizou o que disse ser um "novo modo de ver o desenvolvimento": da perspectiva do conhecimento. Endossava, em desafio aberto à economia neoclássica tradicional, alguns dos mais importantes achados das novas teorias do crescimento. Reconhecendo que as inovações são endógenas ao processo econômico. Que elas muitas vezes resultam de decisões conscientes dos empresários. E que são capazes de engendrar ciclos virtuosos de progresso – como o que os Estados Unidos então vivenciavam.

O conhecimento passa a ser, juntamente com o capital e o trabalho, fator de produção. Até mesmo o fator de produção por excelência. Pois, enquanto tecnologia, ele se incorpora ao capital material: às máquinas, aos equipamentos. E, adquirido pela educação e treinamento, torna-se capital humano, qualificando o trabalho, elevando a produtividade.

Essas idéias simples, em si pouco novidadeiras, estão ganhando relevância e tomando forma no que se vem chamando de "economia do conhecimento": principalmente no Instituto do Banco Mundial, Estados Unidos, e no Centro de Pesquisas em Educação e Inovação da OCDE, França.

Elas podem vir a deflagrar um terremoto e tanto na economia: a mais quantificada, porventura a mais precisa das ciências sociais. Minando as bases de conceitos como os de valor, riqueza, patrimônio; de hipóteses como as subjacentes à teoria da acumulação capitalista; dos postulados que estribam as funções de produção; dos axiomas embutidos nas explicações do crescimento.

Foram os economistas que nos acostumaram a apreçar tudo: o trabalho, o capital material, os bens, os serviços (inclusive o governo), o dinheiro, a segurança, o risco têm seus preços. A pergunta, preliminar a uma melhor teorização econômica do capital humano, que é imaterial, torna-se inevitável: como avaliá-lo?

Não se cogita em marcar as pessoas com um preço. Elas são monetariamente imensuráveis. Trata-se de estimar o conhecimento acumulado, em um dado momento do tempo, por uma determinada população. E em escala relativa, e não absoluta, de valor. Construindo-se um indicador sintético que se poderia chamar Índice do Capital Humano – ICH: integrado por uma população (o componente demográfico, variável-estoque) e uma medida de seu nível médio de educação-qualificação (o componente conhecimento, um vetor de qualidade).

Um ICH assim calculado para o Brasil (1970-2000) permite afirmar que, em 2000, o Sudeste detinha 49,9% do capital humano do país; o Nordeste, 20,7%; o Sul; 16,6%; o Centro-Oeste, 7%; e o Norte, 5,8%. Dentre os estados, São Paulo tinha 26,7%; Pernambuco, 3,8%, ocupando o sétimo lugar.

Atente-se ao caso de Pernambuco. Entre 1970 e 2000, o crescimento de seu ICH foi de 5,3% anuais, igual ao brasileiro. Ele deveu-se mais ao componente conhecimento, que cresceu 3,1% anuais (Brasil: 2,5%), do que ao demográfico, que se expandiu 2,1% ao ano (Brasil: 2,7%). Em 2000, a participação do estado na população nacional relevante foi 4,6%; no PIB, 2,6%.

Para usufruir mais da nova riqueza nacional, Pernambuco deverá, por meio da educação e qualificação, igualar o mais rapidamente possível suas participações no ICH e na população do país. Ao longo desse processo, o PIB estadual poderá mais facilmente ir alcançando percentuais mais elevados do brasileiro.

Publicado no *Jornal do Commercio*, terça-feira, 24 de agosto de 2004.

O "espírito" do capitalismo

COMEMORA-SE DESDE O ANO passado (2004) na Alemanha e em todo o mundo o centenário de *A ética protestante e o "espírito" do capitalismo*, a obra seminal de Max Weber. Ela foi publicada, em duas partes, na revista *Archiv für Sozialwissenschaft und Sozialpolitik* (Tübingen, 1904 e 1905).

Em decorrência desse aniversário, veio à luz no Brasil primorosa edição comemorativa do livro, organizada sob a responsabilidade de Antônio Flávio Pierucci (São Paulo, Companhia das Letras, 2004). Ela confronta a versão original de 1904-1905 e a versão revista e ampliada pelo autor, de 1920. E contém esclarecedora apresentação, além de glossário, correspondência vocabular, cronologia de Weber e detalhado índice remissivo.

Raymond Aron, em *Les étapes de la pensée sociologique* (Paris, Gallimard, 1967), depois de considerar Montesquieu, Comte, Marx e Tocqueville os fundadores da sociologia, inclui Max Weber, juntamente com Durkheim e Pareto, como seus consolidadores. Esse trio integrou a brilhante geração de pensadores sociais da virada do século XIX para o século XX.

Mais do que uma sociologia da religião ou uma refutação do materialismo histórico, a obra centenária de Weber é uma investigação, metodologicamente brilhante, das motivações que pautam a conduta humana quando inserida no contexto de uma concepção abrangente da existência. Ela parte de uma dupla constatação: o capitalismo teve início nos países de maioria calvinista; e naquelas regiões em que calvinistas, mesmo minoritários, coexistiram a outras seitas cristãs (anglicanos, católicos, luteranos), os primeiros lograram maior êxito econômico.

Para explicar essas correlações, Weber confronta a ética protestante ascética e puritana ao que ele chama o "espírito" ("espírito" sempre aspeado pelo autor) do capitalismo.

O "espírito" do capitalismo não é a sede de lucro: a *auri sacra fames*, tão antiga quanto a história. É uma concepção integral da existência que supõe a dedicação ao trabalho racional em uma profissão-vocação. Nela, o alcance da riqueza é prova da predestinação da pessoa, por Deus, para a vida eterna. Riqueza que, por sinalizar os escolhidos para a salvação, deve ser conservada e aumentada – e não desperdiçada no consumo e na ostentação. Tornando-se permanente, ela liberta o indivíduo da dúvida angustiante quanto a sua eleição para a imortalidade.

Eis o fundamento religioso de uma ética fundada no trabalho e na modéstia. Que considera a perda de tempo pecado grave. E que vê a pobreza como condenação, além de nociva à glória divina. Tudo se ajustando muito bem aos tempos heróicos do capitalismo: pela racionalidade que imprime à ação eficaz; pelos modos de vida frugal que prescreve.

Contrariamente ao que muitos pensam, Max Weber nunca esposou uma explicação exclusivamente espiritualista do desabrochar do capitalismo. Ele sabia que empresas capitalistas altamente desenvolvidas tinham existido séculos antes de Calvino. E reconheceu que outros fatores, econômicos, sociais, políticos, psicossociais, favoreciam ou dificultavam-lhe o desenvolvimento.

Devemos a Max Weber a compreensão do capitalismo não apenas como um modo de produção, mas enquanto cultura: como conduta de vida, somente compreensível a partir da concepção geral que as pessoas fazem de sua própria existência.

É sobretudo por essa razão que *A ética protestante e o "espírito" do capitalismo* é uma das obras basilares da ciência social moderna.

Publicado no *Jornal do Commercio*, quinta-feira,
17 de fevereiro de 2005.

A economia do conhecimento

NÃO É NOVA A PERCEPÇÃO da importância do conhecimento para o progresso humano. Nova é a rapidez mais e mais acelerada do avanço da ciência e da técnica. E mais novas ainda tanto a velocidade da aplicação do conhecimento na economia e na sociedade quanto a ampliação das possibilidades de sua disseminação, sobretudo através da teleinformática.

Conhecimento para o desenvolvimento é o título do *Relatório sobre o desenvolvimento mundial* do Bird de três anos atrás (*World development report: knowledge for development*. Nova York, The World Bank/Oxford University Press, 1998). Nele se lê que "os países (e as pessoas) pobres diferem dos ricos não apenas porque têm menos capital, mas porque têm menos conhecimento", afirmação que já é um truísmo para muitos. E se propõe um novo olhar sobre os problemas do desenvolvimento: a partir da perspectiva do conhecimento. Olhar capaz de enxergar que os hiatos tecnológicos e de informação explicam muito da ampliação contemporânea das distâncias internacionais de níveis de bem-estar. E muito, também, do alargamento das desigualdades interpessoais de renda dentro dos países mais ricos.

Esses fatos impõem às economias menos avançadas, por um lado, a necessidade de maiores aquisição, emprego e distribuição de conhecimento: mediante o acesso e a adaptação do que estiver disponível mundialmente, ou sua produção por esforço próprio da pesquisa; e através de educação básica universal de qualidade, do aprendizado continuado, da extensão da educação superior, especialmente nas ciências e nas engenharias.

Por outro lado, eles estão a exigir delas o processamento e a disponibilidade das informações relevantes para o bom funcionamento de suas economias e sociedades; o avanço do conhecimento sobre o meio ambiente; em particular, o enfrentamento das deficiências informacionais que afetam as pessoas mais pobres.

Na esteira de seu relatório de 1998, o Bird confiou ao professor Carl J. Dahlman (51 anos, coordenador da equipe que elaborou aquele documento e gerente do Programa Conhecimento para o Desenvolvimento do Instituto do Banco Mundial) dois importantes estudos de caso.

O primeiro deles foi sobre a República da Coréia (*Korea and the knowledge-based economy: making the transition*. Washington, D.C., The World Bank, 2000). O segundo, sobre a China (*China and the knowledge economy: seizing the 21st century*. Washington, D.C., The World Bank, 2001).

O XIV Fórum Nacional, realização anual do Instituto Nacional de Altos Estudos, Inae, dirigido pelo ex-ministro João Paulo dos Reis Velloso, terá lugar no Rio de Janeiro em maio de 2002. Seu tema básico será *O Brasil e a economia do conhecimento*. Foi confiado ao professor Dahlman, que conhece bem o país, o estudo mais importante, intitulado *O desafio da economia do conhecimento para o Brasil*. Nele, o respeitado especialista vai dizer-nos quais são os componentes-chave do que ele chama a "revolução do conhecimento". E irá apontar quais são, a seu ver, nossos pontos fortes e fracos na árdua tarefa de construir uma economia e uma sociedade baseadas no conhecimento.

Mais importante, Dahlman deverá propor as estratégias que julgar necessárias para que o Brasil possa vir a fazer bom uso da ciência, da técnica e da informação para crescer mais, com menos pobreza e melhor distribuição da renda e da riqueza.

Publicado no *Diario de Pernambuco*, com o título
"Economia do conhecimento", sexta-feira, 10 de agosto de 2001
(com ilustração de Mascaro).

Crescimento sustentado?

APÓS DOIS ANOS DE ESTAGNAÇÃO, anuncia-se que a economia brasileira deverá crescer entre 3 e 4% em 2000. Estaríamos retomando, após duas décadas de virtual paralisia econômica, taxas de crescimento mais rápidas e sustentadas?

A resposta a essa pergunta depende de avaliação do potencial de crescimento embutido no processo, iniciado em 1990, de mais ampla e profunda inserção da economia brasileira no mercado globalizado.

Esse potencial ainda é baixo: porque continuam fortes as restrições ao crescimento representadas pelos déficits fiscal e externo; porque persiste elevada a percepção dos riscos incorridos no país pelo capital financeiro internacional; e porque os investimentos estrangeiros realizados aqui nos últimos anos pouco têm concorrido para o crescimento.

O Brasil da inflação sob controle ainda não foi capaz de realizar ajustes fiscal e externo suficientes. A despeito de superávits primários crescentes, o déficit fiscal nominal continua alto (da ordem de 4% do PIB) e a relação dívida pública/PIB cresceu de menos de 29% em 1994 para 47% em 1999.

As exportações não reagiram à desvalorização do real nem aos esforços voltados a sua promoção. O déficit em conta corrente do balanço de pagamentos, também de cerca de 4% do PIB, tem sido financiado com grandes aportes de capital de risco e de financiamentos, que elevaram, entre 1994 e 1999, o estoque de capital estrangeiro de US$ 44 bilhões para US$ 154 bilhões, a dívida externa líquida de US$ 109 bilhões para US$ 205 bilhões e a relação passivo externo líquido/PIB de 23% para 46%.

Esses dois desequilíbrios gêmeos mantêm elevado o risco Brasil, medido pelas agências internacionais especializadas, impedindo a queda nos juros pagos ao exterior. Os investimentos estrangeiros no país (US$ 110 bilhões em 1994-1999), motivados pelo mercado interno e destinando-se em grande parte à aquisição de empresas brasileiras, estatais e privadas, pouco contribuíram seja para elevar a capacidade produtiva, seja para expandir as exportações.

Crescimento mais rápido e sustentado (de 4% ou 5% ao ano, em média, e por longo tempo) parece pouco provável sem que essas intricadas e interdependentes questões sejam mais bem resolvidas.

Uma reforma da previdência social que combine seguro público básico e universal e seguro privado complementar, livremente negociado, poderá ajudar tanto no equilíbrio fiscal (os déficits do INSS tendem a explodir) quanto na ampliação da capacidade interna de poupança e investimento.

O equilíbrio externo dificilmente se resolverá em permanência apenas pelo aumento das exportações, carecendo de novo esforço de substituição de importações (em produtos como os eletroeletrônicos e em serviços como os fretes e os seguros).

E inserção mais ativa do Brasil no mercado globalizado somente ocorrerá com internacionalização de empresas brasileiras que assegure presença relevante e autônoma do país no comércio, nos investimentos e nas finanças mundiais. Presença essa que seja compatível à dimensão da economia nacional.

Publicado no *Diario de Pernambuco*, quinta-feira, 23 de novembro de 2000.

O Brasil sob risco sistêmico

O RACIONAMENTO DE ENERGIA, o recente *black-out* que atingiu grande parte do país, a epidemia de dengue que assola o Rio do Janeiro e ameaça outras grandes cidades, inclusive o Recife, a inexorável escalada do crime e da insegurança pública não devem ser vistos como fatos isolados.

Eles são sintomas de insuficiências, vulnerabilidades, ineficácias produzidas na infra-estrutura econômica, nos serviços básicos e no próprio organismo social do país: por mais de duas décadas de baixo crescimento da produção e emprego; de subinvestimento, em boa medida associado à persistente crise das finanças públicas; de desmantelamento de mecanismos, ainda necessários, de planejamento e decisão, de gestão e execução da coisa pública.

O fenômeno não se restringe aos sistemas de produção e distribuição de energia elétrica, saúde e segurança pública. Alcança, por exemplo, os transportes coletivos por ônibus, que sofrem concorrência predatória do transporte informal por vans e kombis. Desgasta o transporte aeroviário, que enfrenta sérios problemas financeiros. Assume as características de crises no caso do mercado de capitais (a Bolsa de São Paulo, pois a do Rio já se volatilizou), que míngua a cada dia sob forte pressão fiscal e se verga à concorrência de Nova York.

O Brasil deve procurar reduzir, com urgência e determinação, esses riscos sistêmicos. Eles podem facilmente comprometer a eficiência econômica, dificultar inserção ativa e benéfica na globalização, minar a convivência social, abalar as instituições políticas.

Nesse campo, o objetivo nacional deve ser a elevação da competitividade sistêmica. Em seu conceito ampliado, ela contempla todo um conjunto de atributos: de natureza econômico-financeira, econômico-social e político-institucional, além de relacionados à qualidade de vida e ao meio ambiente.

São de ordem econômico-financeira atributos como a disciplina macroeconômica (estabilidade dos preços e normas comerciais, fiscais, financeiras e cambiais, bem como equilíbrio das contas nacionais, públicas e externas, além de *clima* ou *ambiente* favorável aos investimentos privados que se exprime em confiança na economia nacional).

São de natureza econômico-social a segurança e eficiência da infraestrutura e dos serviços de transportes, energia e comunicações, a capacidade e disponibilidade dos recursos humanos, além de toda uma gama de serviços associados à qualidade de vida: educação, saúde e saneamento, previdência e assistência social, cultura, lazer.

E são atributos de natureza político-institucional o respeito às liberdades e aos direitos humanos fundamentais, individuais e coletivos, a estabilidade política sob o império da lei e da ordem e a segurança pública.

Ganham crescente importância no conceito ampliado de competitividade sistêmica fatores de natureza ambiental, entre eles a pureza do ar e das águas, a preservação da paisagem, a conservação dos recursos florestais e faunianos, o próprio clima, a baixa incidência de cataclismos de efeitos desastrosos (inundações, secas).

Em tempos de mundialização do mercado, baixo risco sistêmico quer dizer mais segurança. Competitividade sistêmica elevada quer dizer mais desenvolvimento.

Publicado no *Diario de Pernambuco*, quinta-feira,
31 de janeiro de 2002.

Agruras da abertura

É SALUTAR O CLIMA DE ABERTURA, estabilidade e desestatização das atividades produtivas vivido pela economia brasileira nos últimos anos. Ele não causou por si só os sérios padecimentos e os freqüentes sobressaltos que o país vem sofrendo há uma década. Nem a instabilidade e anemia do crescimento. Tampouco os desequilíbrios das contas públicas e a elevada dependência de financiamentos externos.

Todos esses percalços e mazelas resultam essencialmente do modo como aqueles três processos da transformação do paradigma do desenvolvimento nacional foram, estão sendo, conduzidos. Transformação que vem operando complexa transição de um modelo de economia protegida da competição internacional, com alta inflação crônica e forte presença estatal nas atividades produtivas, para um outro modelo: o de uma economia aberta ao comércio e às finanças globais, com controle das pressões inflacionárias e gerida dominantemente pelo mercado.

Considere-se o caso da liberalização da economia. A abertura comercial abrupta (1990) forçou as empresas à reestruturação – reativa, desigual entre setores e regiões – que produziu ganhos de eficiência nas atividades mais expostas à competição externa, mas raramente alcançou os núcleos de seus processos produtivos.

Gerou uma grande propensão para importar, responsável por aumento das importações de US$ 18,3 bilhões em 1989 para US$ 59,3 bilhões nos últimos 12 meses (crescimento de 224%: agosto de 2000 a julho de 2001). Transformou o superávit de US$ 16,1 bilhões da balança comercial de 1989 no déficit de US$ 6,7 bilhões de 1997 (graças, em boa parte, à forte desvalorização do real ocorrida desde 1999, esse déficit caiu para US$ 1,6 bilhão nos últimos 12 meses).

Foi uma liberalização sem projeto, e de altos riscos. Dela resultou uma inserção pouco ativa do país na economia global, determinando crescente déficit na conta corrente do balanço de pagamentos (que está sendo, neste ano, superior a 5% do PIB) e a necessidade de aportes de capital externo de igual montante relativo para financiá-lo.

Pragmaticamente, pouco importa acusar e lamentar erros do passado. Importa, sim, reconhecer, por um lado, que a abertura veio para ficar, além contar com a aprovação da sociedade. E, por outro lado, que essa elevada dependência de recursos externos, uma das duas maiores causas da alta vulnerabilidade do país às menores turbulências do mercado financeiro mundializado (a outra causa é dívida pública), é obstáculo ao crescimento e ao desenvolvimento nacionais.

É preciso, portanto, aliviar o quanto antes a economia nacional das agruras que vem padecendo com a abertura. Reduzindo, ao longo desta década, o déficit das contas externas do país pela metade, ou seja, para algo como 2,5% do PIB. E elevando concomitantemente, no mínimo em igual montante, a poupança interna.

A estratégia para o alcance desse objetivo é bifronte. Ela consiste, de um lado, em investir nas exportações e substituição competitiva de importações, tanto de bens quanto de serviços – seja em áreas de mercados mais dinâmicos, como a eletroeletrônica, a informática, a química fina, os materiais de transporte, a bioindústria, seja em segmentos mais tradicionais, como os agronegócios (desde que com maior agregação de valor), ou em serviços como os transportes e o turismo. E em estimular a internacionalização de empresas brasileiras, ou seja, a emergência de novos competidores globais com expressiva presença como investidores no mercado externo.

De outro lado, consubstancia-se no estímulo à poupança interna, em especial a gerada institucionalmente, orientando-a para o financiamento dos investimentos produtivos. Através, por exemplo, da ampliação dos fundos de previdência privada, complementares à seguridade social pública, o que envolve reforma da previdência social que poderá ser também um grande passo para conter o déficit público.

Publicado no *Jornal do Commercio*, quinta-feira,
23 de agosto de 2001.

A dívida pública, um sumidouro

A DÍVIDA INTERNA PÚBLICA do país alcançou em junho passado (2001) R$ 619,4 bilhões, devendo superar neste ano, amplamente, a meta indicativa acertada em 1999 com o FMI. Cresceu de 28,5% do PIB em dezembro de 1994 para 51,3% em junho de 2001, ou seja, 80% em termos reais. Engoliu fácil quase R$ 60 bilhões de recursos gerados pelas privatizações.

De pouco valeram, para contê-la, os crescentes superávits primários (receitas menos despesas não-financeiras da União) dos últimos três anos: de R$ 34,2 bilhões em 1999, R$ 40,4 bilhões em 2000 e R$ 46,6 bilhões nos 12 meses até junho passado, correspondentes a 3,3%, 3,5% e 3,9% do PIB. Superávits esses alcançados à custa do congelamento dos vencimentos da maioria dos servidores públicos federais, de penosa contenção nos dispêndios em outros custeios, de cortes em investimentos inadiáveis e de pesada elevação de impostos.

Num primeiro período (1995-1998), a dívida pública cresceu 49%, devidos, de uma parte, ao expressivo aumento do déficit dito "operacional" ou "nominal" da União (este inclui as despesas financeiras). Ele evoluiu da média anual de 0,8% do PIB em 1992-1993 para 5% em 1995-1998: em decorrência de elevado crescimento dos pagamentos de juros e do déficit primário ocorrido nos anos 1995-1998, tomados conjuntamente. E, de outra parte, por causa da explicitação de dívidas até então ignoradas (os chamados "esqueletos", além de outros "ajustes patrimoniais" vinculados sobretudo ao câmbio).

Num segundo período (1999-2001), ela se expandiu 21%, empurrada, de um lado, pela desvalorização do real (afetando a dívida pública externa: a da União alcançou R$ 163,9 bilhões em junho de 2001, correspondentes a 13,6% do PIB); e, do outro, pelo aumento dos dispêndios com juros, que somaram R$ 64,2 bilhões nos últimos 12 meses, equivalentes a 5,4% do PIB.

Verdadeiro sumidouro, a dívida pública vem travando o crescimento. Primeiro, porque está imobilizando, pelos altos juros que promete, parcela crescente da poupança interna, hoje correspondente a mais 40% do PIB. Segundo, porque, embora sua amortização venha sendo habilmente reescalonada no tempo, a dimensão dela assusta, despertando no exterior temores quanto à capacidade de honrá-la. Está, pois, minando, juntamente com o déficit em conta corrente do balanço de pagamentos, os "fundamentos" da economia. E ampliando os riscos envolvidos em seu financiamento.

Os capacitados gerentes de nossas finanças têm repetido com razão que, nessa área, não há milagres possíveis. Até anunciaram o próximo aumento, para mais de 60%, da relação dívida/PIB. Eles sabem, porém, que trajetória descendente para essa crucial relação poderá propiciar ao Brasil menos sobressaltos, além de crescimento mais rápido e melhor sustentado.

Cabe, pois, persistir no objetivo de desarmar as complexas e perversas armadilhas, não apenas financeiras, que vêm tolhendo as forças produtoras nacionais. Os nós são duros de desatar e estão entrelaçados: são os juros que precisam baixar; é o déficit da previdência carecendo de solução (que amplie, concomitantemente, a geração de poupança interna); são as máquinas dos governos que devem ser revisadas (no caso da União, a partir da idéia de um Estado de ações estratégicas, mais indutor e regulador de decisões e ações do que provedor, quase sempre ineficiente, de bens e serviços, mesmo que sejam públicos); é o sistema tributário que clama para ser reformulado.

Mais que tudo, é a economia que necessita investir mais para competir melhor: tanto nas infra-estruturas, inclusive as urbanas (buscando a competitividade sistêmica), quanto na modernização da produção (tornando-a mais eficiente, ágil, flexível, inovadora).

Publicado no Jornal do Commercio, domingo, 16 de setembro de 2001.

Ciência, tecnologia, inovação

NA CORRIDA DAS ÚLTIMAS duas décadas pelo desenvolvimento, o Brasil ficou para trás de países como a República da Coréia, cujo PIB per capita anual, da ordem de 16,4 mil "dólares internacionais", de 2002 (unidade de valor utilizada pelas Nações Unidas e pelo Banco Mundial, que reflete a paridade do poder de compra, PPC, entre o real no Brasil e o dólar nos Estados Unidos) é mais do dobro do nosso (PPC$ 7,3 mil). A lição dos últimos anos está a revelar que dois grandes países emergentes, a China e a Índia, estão crescendo muito mais do que nós, podendo, em futuro próximo, suplantar-nos. Eles estão fazendo o que a Coréia já fez (e continua a fazer): investir maciçamente em educação, ciência, tecnologia. A China partiu na frente: com PIB per capita de PPC$ 4,4 mil dólares internacionais (2002), já há algum tempo superou o do Nordeste (PCC$ 3,5 mil); mais recentemente, ultrapassou Pernambuco (PPC$ 4,2 mil). A Índia vem mais atrás, mas acelera muito seu crescimento neste século.

Precisamos (o Brasil, o Nordeste, Pernambuco) nos engajar séria e continuadamente na Revolução do Conhecimento, o novo caminho do progresso e da riqueza. Para tanto, a educação de qualidade, em todos os níveis, é imprescindível. Mas é igualmente vital, de um lado, aplicar eficazmente, na economia e na sociedade, o conhecimento acumulado, que é o fator de produção e avanço social por excelência. E, de outro lado, gerar processo permanente de inovação tecnológica e organizacional.

Sistemas de ciência, tecnologia e inovação, integrados por entidades governamentais, empresas, universidades, outros centros de pesquisa, serviços de consultoria, e que sejam capazes de captar, assimilar, adaptar e criar conhecimentos, tornando-os amplamente disponíveis: eis o caminho para que o Brasil, o Nordeste, Pernambuco possam construir economias e sociedades eficientes e dinamicamente inovadoras.

Os ambientes onde as inovações se produzem devem ser competitivos, capazes de gerar interações, fluxos renovados de conhecimento e informação. Envolvendo também conexões, internas ao ambiente e externas a ele – nas escalas estadual, regional, nacional, global. A extensão dessas conexões e sua intensidade são fundamentais para a aquisição, criação e disseminação dos requisitos à inovação.

É importante dispor de uma rede de instituições e incentivos que estimule a capacidade de empreendimento e os novos métodos de gestão. As organizações integrantes dessa rede, de preferência públicas ou sem fins lucrativos, precisam manter estreitos laços com a iniciativa privada, sendo integradas por organismos financeiros e entidades como federações e associações empresariais, centros de produtividade, clubes de engenharia, organizações de extensão agropecuária.

A pesquisa carece de atenção e apoio especiais: a pesquisa básica (acesso, domínio, adaptação do conhecimento); e a pesquisa aplicada a áreas como: as tecnologias da informação e comunicação, TICs; os métodos e técnicas de organização e gestão; a agropecuária, o agronegócio (inclusive biotecnologia), as indústrias e serviços mais intensivos em conhecimento, a saúde, a conservação dos recursos naturais, a proteção do meio ambiente. O controle e certificação de produtos e serviços são importantes para mais qualidade e maior padronização da produção.

A Internet é, em tudo isso, de importância crucial. Entre nós, ela vem avançando mais nos correios eletrônicos (*e-mails*), no sistema de pagamentos (*e-banking*), nos serviços públicos (*e-government*); menos no comércio (*e-commerce*) e na educação e saúde. Já está, porém, cortando os custos das transações, economizando tempo, reduzindo deslocamentos, contribuindo para a melhoria da produtividade e o bem-estar.

O mal a evitar é a exclusão digital, potencializando outras formas de exclusão econômico-social já graves.

Publicado no Jornal do Commercio, terça-feira,
12 de julho de 2005.

A síndrome do baixo crescimento

DURANTE OS PRIMEIROS 80 ANOS do século passado, o Brasil foi um dos campeões mundiais do crescimento: com o PIB avançando, em média, cerca de 6% ao ano entre 1900 e 1980, mais de 7% em 1950-1980 e quase 9% em 1970-1980. No primeiro desses períodos, o PIB per capita do país cresceu a mais de 3% ao ano, acelerando para mais de 4% em 1950-1980 e 6% em 1970-1980.

Note-se, em particular, o que ocorreu entre o término da II Grande Guerra e o final da década de 1970. Nos anos 1946-1952, do governo Dutra e inícios da presidência constitucional de Vargas, a economia operou a plena carga. Intensificaram-se a industrialização e a urbanização, aumentou a capacidade de importar. Em 1956-1961, o crescimento foi catapultado pelo "desenvolvimentismo" de Kubitschek: embalado na confiança e otimismo e tendo como carro-chefe a indústria automotiva. De inegáveis êxitos econômicos, malgrado a repressão ideológica e o autoritarismo, foi o longo período 1967-1979 (do "milagre" de Médici e do II Plano Nacional de Desenvolvimento, PND, de Geisel).

Desde então, o Brasil, mergulhado em pesada letargia, vem crescendo menos do que o mundo como um todo. A década de 1980, de transição para a democracia, foi perdida para o crescimento: pífios 1,6% anual de aumento do PIB, queda de 0,4% ao ano do PIB per capita. E pouco diferentes foram os resultados do decênio de 1990 e primeiros anos deste século: pouco mais de 2% de expansão anual do PIB, menos de 1% do PIB per capita. A despeito dos êxitos obtidos com a abertura econômica, o controle da inflação e as exportações.

Algo de errado está, pois, acontecendo com o Brasil: por quase uma geração, um país anêmico não consegue retemperar-se para o crescimento; dessangrado, afunda em síndrome de baixo desenvolvimento, enfrentando tropeços econômicos, carências sociais, crises políticas. E uma nação anômica afasta-se celeremente dos valores e princípios que pautam a convivência humana.

Reconheça-se que muita coisa mudou com a globalização, tornando imperioso firme compromisso com os chamados "fundamentos" macroeconômicos. Para crescer, no entanto, é preciso ir além deles. Executando clara estratégia de crescimento, com metas preestabelecidas para o PIB, consistentes às adotadas para a inflação, os juros, as contas públicas. Evoluindo para projeto de desenvolvimento que enfrente, efetivamente, a questão social. Investindo mais em capital material e capital humano: infra-estrutura, atividades diretamente produtivas geradoras de emprego e renda, recursos humanos (educação, qualificação, redução da pobreza), ciência e tecnologia e sua aplicação na economia e sociedade. Sendo importante tirar partido das sinergias existentes entre crescimento, emprego e redução da pobreza e entre conhecimento, inovação e competitividade para engendrar seqüências virtuosas de crescimento e desenvolvimento.

Um Brasil crescendo e se desenvolvendo mais do que o mundo (e pelo menos tanto quanto os demais países de renda média) estará mais capacitado a enfrentar a falência do político e o afrouxamento das normas que organizam a convivência social. No primeiro caso, por meio de reforma das instituições e práticas político-eleitorais e revisão da estrutura e dos modos de atuação do Estado que tenham como eixo o interesse coletivo. No segundo caso, mediante transformação da sociedade que busque o cumprimento das leis; o exercício da cidadania; e a ética na política, no governo, na empresa e na vida de cada dia.

Publicado no *Jornal do Commercio*, 15 de setembro de 2006.

Velho Recife, nova economia

O VELHO BAIRRO DO RECIFE, de tantos nomes – é hoje o Recife Antigo –, vai abrigar um outro porto, o Porto Digital, signo da nova economia, a economia do conhecimento e da informação. O novo porto será virtual, de naus desobrigadas dos arrecifes, que vão navegar redes desinteressadas do mar. Ele poderá ser um farol do futuro do estado.

O Porto Digital foi apresentado pelo professor Silvio Meira e pelo secretário de Ciência, Tecnologia e Meio Ambiente, Cláudio Marinho, em reunião de meados de 2000 do Conselho Pernambuco Pacto 21, presidida pelo governador Jarbas Vasconcelos.

As sementes do projeto foram lançadas nos anos 1970, com a criação do Departamento de Informática da Universidade Federal de Pernambuco, UFPE. Ali, o ensino e a pesquisa em ciências da computação foram ganhando crescentes vigor, qualidade e expressão nacional. Hoje, essas atividades desdobram-se no Centro de Informática, que caminha para alcançar padrões internacionais; e no Centro de Estudos e Sistemas Avançados do Recife, Cesar, entidade privada voltada para a criação ou atualização de empresas a partir do enlace, entre a sociedade e a universidade, de conhecimentos e experiências em tecnologias da informação e comunicação, TICs.

Foi com base nessa massa crítica que nasceram e prosperaram 257 empresas de hardware, software e serviços de informática, concentradas no Grande Recife. Elas faturam R$ 200 milhões anuais e geram cinco mil ocupações, a maioria de alta e média qualificação. A elas juntaram-se empresas privadas de telecomunicações, crescendo, em intensa competição, a mais de 20% ao ano. E também o governo estadual: informatizando serviços, muitos deles *online*, provendo conectividade a todos os municípios de Pernambuco.

Essa fértil interação entre universidade, empresa e governo criou ambiente favorável ao desenvolvimento da informática-telemática. Desenvolvimento que o Porto Digital poderá ser capaz de impulsionar. Ele será portal, berço e cais da economia digital em Pernambuco: dando-lhe a visibilidade de que carece; ensejando ampliação de escalas, propiciando financiamentos; transformando a capacitação de recursos humanos e o processo de inovação em atividades permanentes, intimamente compartilhadas.

A ilha-bairro do Recife vai alojar o Centro de Informática da UFPE e o Cesar; o Centro de Negócios de Tecnologia da Informação ITBC; a incubadora de empresas do Instituto de Tecnologia de Pernambuco, Itep; a própria Secretaria de Ciência e Tecnologia – em processo de reurbanização que deverá liberar potencial de área construída de 220 mil m², para esses e outros empreendimentos correlatos.

É justamente essa funda intervenção em sítio histórico tão relevante que deve merecer melhor cuidado. O assunto foi levantado na reunião do Pacto por Joaquim Falcão, que estranhou a fachada proposta para o edifício do ITBC, a localizar-se atrás da rua do Bom Jesus: de feição pesada, destoante do casario adjacente em sua arquitetura de lampejos pós-modernos. Não apenas a fachada, diria: as próprias dimensões do prédio, excessivas, com ondulações alteadas. Diria mais. Não apenas o projeto da sede do ITBC (que vai substituir uma construção horrenda por outra somente inadequada): também o enorme e espesso pavilhão que vai ocupar quase toda a área verde do pátio interno da Capitania dos Portos; o Projeto Pilar; a maquilagem dos armazéns aduaneiros.

Ficou clara, após a reunião do Pacto 21, a disposição dos responsáveis pelo Porto Digital para reavaliar o impacto urbano de projeto que merece o apoio inteiro e o aplauso de todos.

Pois há como conciliar, no Bairro do Recife, o mais antigo e o mais moderno, harmonizando estéticas de tempos diversos. O tempo novo deve conviver com o velho sem confrontá-lo ou imitá-lo. Deve afirmar-se novo sendo discreto e singelo, em volumes e formas, luzes e cores. Confirmando o tempo velho como o senhor da paisagem.

Publicado no Diario de Pernambuco, quinta-feira,
17 de agosto de 2000.

O estado de uma nação

BRASIL: O ESTADO DE UMA NAÇÃO (Rio de Janeiro, Ipea, 2005) é a mais recente contribuição que o Instituto de Pesquisa Econômica Aplicada acrescenta a sua vasta e relevante folha de serviços, de mais de 40 anos, prestados à análise, à interpretação e ao equacionamento das principais questões do desenvolvimento brasileiro. A obra, de excelente padrão gráfico e editorial e quase 400 páginas, inaugura prática, que será anual, de expor ao país os problemas que se interpõem a sua trajetória de progresso. Propondo as soluções que viabilizem, no futuro, economia "mais forte" e sociedade "menos desigual".

Coordenado por Fernando Rezende e Paulo Tafner, o importante relatório, embora lembre, no título, o *State of the Union* dos Estados Unidos – pronunciamento, no início de cada ano, do presidente daquele país perante o Congresso –, é, primeiramente, uma investigação em profundidade dos desafios de conciliar estabilidade e crescimento mais acelerado: gerando, ao mesmo tempo, mais competitividade mediante a incorporação, através de inovações, de novos conhecimentos à economia.

Seguem-se exames igualmente competentes das situações de pobreza e exclusão social; das formas de exercício dos direitos de cidadania e participação; das implicações da nova geografia econômica e social e da emergência de novas fronteiras de ocupação; do desenvolvimento da Amazônia com preservação da soberania nacional; e da revisão do federalismo, examinado basicamente sob o ângulo fiscal. A juventude, tema novo, merece olhar atento, inclusive por representar hoje quase 20% dos brasileiros.

A coordenação do estudo sobre pobreza e exclusão social ficou a cargo de Hamilton Tolosa. Nele se examinam duas situações do ser pobre: a pobreza propriamente dita (renda domiciliar per capita de até meio salário mínimo) e a indigência (até um quarto do salário mínimo). Para o país como um todo, o número de pobres encontrado (2002) foi de 44,1 milhões, 29% da população; o número de indigentes, 18,7 milhões (11,2%). Esses níveis de pobreza e indigência, ainda elevados, devem-se particularmente a deficiências no mercado de trabalho e à informalidade; e a restrições de acesso aos serviços sociais básicos, em particular à escola.

A exclusão social, noção mais ampla, abrange, além da insuficiência de renda, restrições à mobilidade social associadas a fatores como raça, sexo, natureza da ocupação, situação socioeconômica, além de condicionamentos políticos, institucionais e culturais.

O estudo conclui que "o combate à exclusão social precisa combinar crescimento sustentado com um esforço redobrado de melhoria das políticas sociais". Compensando-se a escassez de recursos públicos com padrões mais seletivos de gastos em infra-estrutura social. Como a expansão dos programas de transferência de renda aos pobres não foi capaz de "reverter o quadro de exclusão e de desigualdades sociais (...), é necessário (...) adotar políticas de fomento à produtividade do trabalho e de apoio à produção familiar e microempresarial, assim como criar condições que concorram para melhorar as oportunidades de ascensão do trabalhador informal".

É de desejar-se que *Brasil: o estado de uma nação* tenha longa vida. A iniciativa é oportuna. Serve a debate nacional mais objetivo e pertinente. Sabiamente, a direção do Ipea aproveita nela as provadas experiências de vários ex-servidores, alguns já aposentados. Elas se somam aos saberes de nova geração de técnicos à altura do prestígio da entidade.

Publicado no *Jornal do Commercio*, quinta-feira, 9 de outubro de 2005.

POLÍTICA

Ética e política

O DEBATE QUE DE HÁ MUITO se trava no Brasil sobre as relações entre a Ética e a Política aviva-se toda vez que se aproximam novas eleições. Não tem trazido novidades. Nem contribuído para o aperfeiçoamento da práxis político-eleitoral.

Eis que se dá sobre o tema um verdadeiro diálogo de surdos: como na discussão entre Cálicles e Sócrates sobre a relação comando-obediência, essencialmente política, reportada por Platão (no *Górgias*). Cálicles atém-se a considerações de fato, buscando explicar o que o poder realmente *é*. Sócrates formula julgamentos de valor: para justificar como ele *deveria ser* exercido.

Alguns de nossos cientistas políticos estão mais para Cálicles. Eles intentam (nem sempre conseguem) observação isenta dos fatos, formulando hipóteses que, verificadas, alimentam a reflexão teórica. A maioria deles, contudo, e quase todos os comentaristas especializados, alinham-se mais a Sócrates: olham os fatos sob o crivo de opinião ou doutrina. Ou seja: os apreciam, aceitando-os ou recusando-os, absolvendo ou condenando.

Segundo Hegel, tanto aqueles novos Cálicles quanto esses novos Sócrates podem estar contribuindo mais para a história do que os próprios atores políticos, malgrado os seus palcos profusamente iluminados. Pois é do filósofo alemão a afirmativa (contida nas *Lições sobre a filosofia da história*) de que "a história é menos feita por aqueles que a fazem do que por aqueles outros que a contam".

Nos Estados leigos contemporâneos, não há mais como ver na política um ramo da moral. Nem a ordem pública como sua encarnação. As normas que regulam a institucionalização do poder e seu relacionamento na sociedade integram ordenamentos jurídicos ditos positivos. Elas se completam pelas regras de conduta mais costumeiras, pautadas no próprio exercício das atividades políticas. Tanto aquelas normas, que são impositivas, quanto essas regras, apenas consuetudinárias (integrando os costumes, *mora*), são mutantes no tempo e em seus modos e formas.

Não há, pois, como falar abstratamente da ética *na* política, a ética e a política imutáveis, transcendentes. Mas se pode cogitar, *lato sensu*, da ética *da* política. Ou, *stricto sensu*, de *uma* ética *de uma* política, éticas e políticas necessariamente variáveis, contingentes, específicas.

Por outro lado, como não se há de negar à política sua natureza conflituosa, caberia distinguir *luta* de *disputa* política. Ambas são fenômenos de poder, cujos instrumentos específicos são forças, ou coalizões de forças, em conflito. A *luta* é um conflito sem normas, aberto, sem limites, cuja expressão clássica é a guerra externa (contra o inimigo público, ou comum, *hostis*; e não o inimigo privado, ou particular, *inimicus*). A *disputa* é um conflito previsto, subordinado a normas predeterminadas – sendo portanto regulado –, travado entre opositores circunstanciais. Dela são exemplos os embates político-eleitorais e as lides congressionais.

Há como evoluir positivamente na construção, que é uma tarefa permanente e coletiva, da ética *da* política. Pelo aperfeiçoamento de legislação político-eleitoral e, mais que isso, pela garantia de sua efetividade. Pela melhoria das práticas, costumes e educação política. Pela formação de consensos sobre como desarmar tensões potencialmente desestabilizadoras e encaminhar a resolução dos conflitos políticos, inevitáveis na sociedade.

Não haverá, porém, como expressar e realizar uma vontade política se houver renúncia ou hesitação em empregar os meios *normais* de poder disponíveis. Não utilizá-los é correr o risco de ser impedido nesse desígnio por uma força política rival que resolva agir, plena e prontamente, no sentido oposto.

Publicado no *Diario de Pernambuco*, quinta-feira, 9 de maio de 2002 (com ilustração, autor não identificado).

Conciliação, reformas

EM UM DOS ENSAIOS do recém-lançado *Das mãos do oleiro: aproximações* (Rio de Janeiro, Nova Fronteira, 2005), Alberto da Costa e Silva considera que o livro *Conciliação e reforma no Brasil: um desafio histórico-cultural* (Civilização Brasileira, Rio de Janeiro, 1965), sobre ser de circunstância (composto de textos esparsos, escritos "na véspera e logo depois do 31 de março de 1964"), não é, na vasta bibliografia de José Honório Rodrigues (1913-1987), obra menor. Sua importância reside no fato de o consagrado autor ter procurado revelar nela "o segredo de como fizemos e continuamos a fazer a nossa história".

"A chave para entender-nos", diz José Honório Rodrigues, "é a conciliação." Ela se revela tanto na formação do povo brasileiro (as maiorias que se miscigenaram: "os indígenas vencidos, os negros cativos, os mestiços de todas as cores") quanto no jogo político das elites (em sentido sociológico de minorias dominantes).

Não se deve confundir conciliação com conformismo ou submissão. Alberto da Costa e Silva observa que "às massas populares o país deve a integridade territorial, a unidade lingüística, a mestiçagem, a tolerância racial, cultural e religiosa e as acomodações que atenuaram e dissolveram muitos dos antagonismos grupais e fizeram dos brasileiros um só povo". Mas reconhece que dessas mesmas massas a nação "também recebeu as melhores lições de rebeldia contra uma ordem social injusta e estagnada".

Ele nota que se deve à política de conciliação das elites o "longo período de ordem e liberdade do Segundo Reinado" (de 1848 a 1880, o Brasil viveu "os anos de mais absoluta e total legalidade de toda a sua história", escreve José Honório Rodrigues). Mas ressalta que lhe faltou o sentido de progresso, criatividade, prevalecendo o divórcio entre a nação e o poder, entre o que o povo quer e o que o governo faz, ou deixa de fazer. Vigorando uma conciliação pela inércia que empurrou para o futuro as soluções das grandes questões nacionais, ou as enfrentou com atraso e de modo evasivo, incompleto.

A história do Brasil não vem sendo, porém, uma história incruenta: "basta lembrar a violência permanente da escravidão, que não cedeu nem se abrandou por quase quatro séculos", sublinha Costa e Silva. O que nunca tivemos foram revoluções no sentido de rupturas institucionais abruptas e violentas, verdadeiros "saltos [para a frente] no processo histórico" (Rodrigues).

Ao espírito conciliador causam pânico essas "fraturas no corpo social" (Costa e Silva). Por isso, a evolução nacional persistiu defasada, aquém de seu tempo, sempre carente de atualização.

O "único movimento armado vitorioso no Brasil, o de 1930, não exprimia as novas forças do país" (Rodrigues); "só foi revolução no nome" (Costa e Silva); não gerou "intencionalmente um instante de aceleração", mas "a sobrevivência do não-contemporâneo" (Rodrigues). E Vargas, ambivalente, era "ora conciliador, ora intransigente; ora libertário, ora liberticida" (Rodrigues). Ele foi o artífice de modernização conservadora, calcada em reformas limitadas, habilmente mantidas sob controle. Além de ter rezado "um positivismo comtiano que já entrara no resto do mundo para os arquivos da história das idéias" (Costa e Silva).

As resistências às mudanças no país não se dobraram de 1930 a 1964, avança Alberto da Costa e Silva. Acrescentando: "O que caracteriza o Brasil é, aliás, a estabilidade secular de suas estruturas políticas e econômicas. A tão apregoada instabilidade política é sempre conjuntural. Reflete as lutas pelo poder dentro da minoria dominante [a elite], quando esta não consegue harmonizar seus interesses."

Essa instabilidade não atinge, nota Costa e Silva, "a carne nem, muito menos, a ossatura das instituições. Sempre que as elites conciliadoras propõem reformas, estas são de superfície, eleitorais ou jurídicas, 'remendos de fósseis' (José Honório Rodrigues), ou chegam, morosas, com grande atraso, como se o Brasil fosse 'dirigido por espectros' (*idem*), por 'fantasmas de outras eras' (*ibidem*)".

Conclui Alberto da Costa e Silva: "Assim se explicam, entre nós, a teimosa 'sobrevivência do arcaico' (Rodrigues) e as repetidas 'derrotas do contemporâneo' (*idem*)."

Publicado no *Jornal do Commercio*, domingo, 31 de julho de 2005.

Um governo eclético?

À MEDIDA QUE SE APROXIMA DOS 100 DIAS, o governo do presidente Luiz Inácio Lula da Silva, longe de cingir-se aos rigores do pensamento único, vem adotando uma diversidade de opções e condutas que caracterizam ecletismo singular, mas de viés pragmático.

Na condução da política macroeconômica (juros, crédito, câmbio, finanças públicas), nada de essencial mudou, até agora, em relação ao governo Fernando Henrique Cardoso. O corte persiste sendo neoliberal. As prioridades são a estabilidade e o ajuste das finanças públicas. Para atendê-las, elevam-se os juros, limita-se o crédito, contém-se a massa dos salários. O crescimento da economia, a expansão do emprego, a melhoria do nível da renda e de sua distribuição continuam objetivos secundários.

Essa opção agrada ao FMI. O mercado global, sujeito oculto e sem endereço, após tantos temores e desconfianças, parece contente. (É o que sinalizam seus mais visíveis emissários: o lépido capital especulativo, as insondáveis agências de avaliação do risco-país.) Mas ela frustra ou adia, em nome da *Realpolitik*, a consumação de velhos ideários de um Partido dos Trabalhadores agora eleitoralmente triunfante. Um dono do poder habilíssimo em aparelhar de vez todo o Estado, como que tomado de assalto.

Não se duvide, o PT é quem governa. Além do presidente e de sua ampliada assessoria, pertencem ao Partido os Ministérios da Fazenda, do Planejamento, Orçamento e Gestão, Educação e Saúde, cruciais nas áreas econômico-financeira e social. Sem esquecer a Casa Civil, peça-chave na política. Mas não governa inteiramente só. Encontram-se no topo da Administração aliados ocasionais das eleições, tanto do primeiro quanto do segundo turno. Preside o Banco Central experiente alto executivo da banca internacional. E foram empossados nos dois Ministérios mais voltados à produção (o do Desenvolvimento, Indústria e Comércio Exterior e o da Agricultura, Pecuária e Abastecimento) respeitados expoentes do empresariado.

Embora governe, o PT não reina. Não reina, já se viu, porque cede (por bom senso, reconheça-se) aos imperativos da mundialização. Não reina no Congresso Nacional, onde, minoritário, vê-se compelido à penosa rotina da negociação de tudo, ou quase tudo, que depende da chancela parlamentar. Em particular no encaminhamento das questões mais polêmicas, como as reformas tributária e da Previdência, tidas como prioritárias. Essa negociação enfrenta quadro pluripartidário nada disciplinado e com muitas clivagens, além de envolto na moldura do velho e demandista presidencialismo de coalizão.

Nesse contexto, a recepção, pelo governo, de uma já longa prática do PT, a das decisões apoiadas em colegiados (sete robustos Conselhos integram a Presidência da República como órgãos de assessoramento ou consulta), é reminiscência da democracia participativa que dificilmente atenuará esses arraigados e resistentes entraves institucionais do processo decisório.

As duas outras opções do novo governo deitam fundas raízes no programa petista.

A primeira é por política social focalizada nos mais pobres dentre os pobres. Tem como carro-chefe o Programa Fome Zero, que (até compreensivelmente) ainda carece de clareza quanto a objetivos, público-alvo e mecanismos operacionais. Seu impacto transformador poderá ser ampliado mediante ações visando a capacitar o pobre para tornar-se protagonista de inserção econômico-social auto-realizada.

E a segunda opção se expressa em postura muito mais independente nas relações exteriores, seja no plano bilateral (com os Estados Unidos, principalmente), seja buscando afirmar a liderança do Brasil na América do Sul. Impulso inquieto que vem sendo aos poucos temperado pela estudada cautela e pensada prudência da diplomacia.

É cedo para dizer se de opções e posturas tão diversas brotará uma síntese harmoniosa e congruente. Consubstanciada em novo modelo de desenvolvimento de que resulte a retomada do crescimento sustentado, com mais emprego, menos pobreza e melhor distribuição de renda. E em inserção na globalização e presença no cenário mundial mais benéficas ao país. Não há dúvida, porém, que o planejamento estratégico, em bom tempo reincorporado pelo PT ao discurso governamental, poderá, se efetivamente utilizado, ser ferramenta poderosa à consecução desses elevados desígnios.

Publicado no *Diario de Pernambuco*, domingo, 6 de abril de 2003 (em "Carta ao Leitor", com foto do autor).

O governo Lula: desafios

EM O NOVO GOVERNO *e os desafios do desenvolvimento* (Rio de Janeiro, José Olympio, 2002, 781 p.), o Fórum Nacional encaminhou ao presidente eleito, Luiz Inácio Lula da Silva, e pôs à disposição da sociedade um alentado conjunto de sugestões voltadas para a superação dos obstáculos que vêm impedindo o crescimento sustentado e truncando o desenvolvimento nacional.

O livro, coordenado pelos ex-ministros Antonio Dias Leite (autor de introdução e síntese competentes) e João Paulo dos Reis Velloso, traz contribuições de alguns dos mais respeitados economistas brasileiros, além de outros especialistas. Com 31 artigos e dividido em cinco partes, discorre sobre as condições gerais do crescimento, examina o cambiante cenário externo e o comércio internacional, sugere medidas visando à reforma tributária e ao equilíbrio fiscal, avalia o grau de competitividade da economia e formula propostas para o financiamento da retomada do crescimento.

De tudo isso resulta um rico repertório de análises e recomendações, feitas a partir de vários enfoques, refletindo diversos pontos de vista, polivalentes em seu receituário.

Bresser Pereira e Ioshiaki Nakano, por exemplo, contribuem com uma proposta inteira de estratégia de desenvolvimento. Delfim Netto desenha com virtuosidade acadêmica o que considera uma transição crítica, a exibir um governo com viés para o desenvolvimento, mas extremamente parcimonioso em seu voluntarismo. João Paulo dos Reis Velloso defende para o Brasil uma economia e uma sociedade baseadas no conhecimento, hoje considerado o fator de produção por excelência.

Luciano Coutinho (em parceria com Fernando de Arruda Sampaio e Bernard Appy) discorre sobre o que chama a corrida contra o relógio: a busca de sustentabilidade cambial e fiscal. E Raul Velloso é enfático ao afirmar que sem cortes de gastos não haverá crescimento. Outros temas, a cargo de outros autores (não há como citá-los todos), são os relativos às exportações e à política comercial, à poupança interna e ao investimento, à infra-estrutura (energia, transportes e meio ambiente), às atividades diretamente produtivas (mineração, indústria, agronegócio), ao mercado de capitais, visto como fonte complementar importante do financiamento privado.

Não será tarefa fácil nem simples dotar o Brasil dos requisitos macroeconômicos e criar clima de negócios favorável à expansão mais acelerada e contínua da economia.

Graves desequilíbrios internos (déficit fiscal elevado, dívida pública explosiva, sinais de retomada da inflação) e externos (exportações que somente crescem à custa de um real fortemente desvalorizado, déficit na conta corrente do balanço de pagamentos, financiamento externo volátil) afetam a confiança no país. Elevados juros reais e forte contenção da massa salarial minam o seu potencial de crescimento.

A transição de uma economia com muitos freios à expansão da produção e consumo para uma outra economia liberta dessas peias deverá tomar tempo e exigir muita aplicação dos novos gestores do desenvolvimento nacional. Igual empenho demandará prioridade política de efetiva maximização dos rebatimentos sociais do crescimento sobre o emprego, a redução da pobreza e as desigualdades de renda, interpessoais e regionais.

A longa transição brasileira, que já dura quase duas décadas, deverá, pois, continuar durante o novo governo. Exigirá reformas (em especial, uma reforma no aparelho do Estado, pesado e pouco eficaz) que precisarão do aval da sociedade: tanto de sua representação formal, o Congresso Nacional, quanto de sua participação mais direta no espaço público. Que ela seja efetiva, produzindo resultados concretos no menor prazo possível. E que se processe democraticamente, respeitados os direitos individuais e coletivos.

O tom geral de *O novo governo e os desafios do desenvolvimento* é de otimismo moderado. A esperança pode ter vencido o medo. Mas só com coragem, persistência e equilíbrio justos anseios da sociedade irão, aos poucos, tornando-se realidade.

Publicado no *Diario de Pernambuco*, quarta-feira, 18 de dezembro de 2002 (com ilustração de Mascaro).

A República dos Municípios

A RECENTE MARCHA A BRASÍLIA em Defesa dos Municípios reuniu cerca de mil dos quase seis mil prefeitos do país. Ao forçar as portas do Congresso Nacional, engalfinhado nas reformas tributária e da Previdência, os manifestantes buscaram um fatia maior do cada dia mais gordo bolo fiscal nacional. Eles podem não consegui-la, vendo minguar, ante estados glutões e uma União esfomeada, seus parcos 15% das receitas públicas. Mas terão mais uma vez chamado a atenção para uma das excentricidades do Estado brasileiro: a Federação dos Municípios.

Foi a generosa Constituição de 1988 que, em seu artigo 1º, formou a República Federativa do Brasil pela "união indissolúvel dos estados e municípios e do Distrito Federal". Eis um arranjo institucional *sui generis*: os 27 estados, os 5.561 municípios (pela conta de 2001 do IBGE) e o Distrito Federal são, eles todos, unidades federadas. Elas todas estão indissoluvelmente juntas, mas são muito heterogêneas em seus poderes: no território, na população, na riqueza, no peso político.

Os estados e o Distrito Federal representam-se no Senado Federal, o povo, na Câmara dos Deputados. E os municípios? A União pode intervir nos estados e no Distrito Federal, remanescente do Município Neutro dos tempos do Império e hoje um virtual estado:

com governador eleito e Câmara Legislativa, singular só por não ter municípios (é, na verdade, um estado-município, que incorpora competências e receitas tanto estaduais quanto municipais geradas em sua jurisdição). Mas é aos estados que compete intervir em seus municípios.

A União é, pois, formada por entes de duas ordens. Os de primeira classe são os estados e o Distrito Federal, autônomos e com casa em Brasília, o Senado. Os de segunda classe são os municípios, desprovidos de representantes no Parlamento, submetidos aos estados e suas leis.

No criativo amálgama de democracia representativa e participativa que o país intensamente vivencia, quando prefeitos, organizados e em grande número, levantam as vozes no Congresso Nacional em defesa dos municípios, estão exercendo de fato uma representação que lhes é formalmente negada. Estão agindo mais legitimamente do que os governadores: concorrentemente aos senadores, eles participam do debate legislativo da reforma tributária, em particular da repartição dos recursos públicos entre a União e os entes federados.

Mais que a Federação dos Estados, a peculiar Federação dos Municípios também tem formação muito heterogênea. Há municípios, como São Gabriel da Cachoeira (Amazonas), com mais de 100 mil km^2 e despovoados, onde cabem vários estados. Águas de São Pedro (São Paulo) tem apenas 8 km^2 e elevada densidade populacional. Lê-se no Censo Demográfico de 2000 que 2.637 municípios têm menos de 10 mil habitantes e população total de 13,8 milhões, menor do que a soma dos habitantes de apenas dois outros municípios: São Paulo, com 10,4 milhões, e Rio de Janeiro, com 5,9 milhões. Há 106 municípios (do Norte e Nordeste) com mais da metade das pessoas em pobreza extrema (com renda insuficiente para atender às necessidades de alimentação). E 65 municípios (do Centro-Sul) têm menos de 1% da população nessa situação (13 deles têm pobreza extrema zero). Dentre os municípios brasileiros, 24% não dispõem de biblioteca, 35% não têm um ginásio polivalente, 51% despendem 40% ou mais das receitas públicas com pessoal, 65% não possuem livraria e 93% carecem de uma sala de cinema.

Visto sob qualquer ângulo, o Brasil revela-se país muito desigual. Sob as disparidades estaduais e municipais que o mapa político nacional expressa, subjaz visível, antiga, resistente desigualdade mais funda: ela é de natureza econômico-social.

Publicado no Diario de Pernambuco, domingo, 28 de setembro de 2003 (em "Carta ao Leitor", com foto do autor).

Por que um segundo turno?

NAS ELEIÇÕES DE PRIMEIRO de outubro de 2000, milhões de brasileiros exerceram um dos mais importantes direitos da cidadania: o de escolher seus governantes, desta vez os prefeitos e vereadores dos mais de cinco mil municípios.

A idéia moderna de democracia assenta-se em três princípios basilares.

O primeiro é o da soberania popular, pelo qual, nos termos da Constituição de 1988, "todo o poder [político] emana do povo", seja ele efetivado diretamente, seja mediado por um sistema de representação. (As eleições são mecanismo de comutação de poder a mandatários do povo, periodicamente escolhidos e renovados.)

O segundo princípio é o do emprego legal desse poder, isto é, submetido a conjunto de normas que regulam o processo político-eleitoral.

E o terceiro, que não está explícito na Constituição, o de que o poder político deve ser exercido em benefício do povo, está na raiz dos direitos e garantias fundamentais contemporâneos.

A prática da democracia progrediu muito no Brasil durante este século, a despeito de dois longos períodos de autoritarismo. Avançou, porém, de forma desigual. Atende hoje aos dois primeiros princípios democráticos: o corpo eleitoral (o povo) tornou-se inclusivo, com pleitos limpos ocorrendo regularmente, pelo sufrágio universal; as liberdades públicas vêm sendo asseguradas; e se ampliaram as formas do uso que a opinião pública faz da razão tanto para exercitar suas escolhas políticas quanto para manifestar-se sobre as grandes questões nacionais.

Mas o país ainda está longe de garantir a todos a efetividade do terceiro princípio, que contempla a igualdade de oportunidades e inclusão econômica e social mínimas, contrapartes necessárias à liberdade política.

As eleições municipais de 2000 serviram muito pouco a esse último intento. Elas, porém, foram mais um teste a duas novas regras eleitorais: a permissão da eleição dos atuais prefeitos para mais um mandato e a exigência de maioria absoluta de votos válidos nas escolhas dos prefeitos do pequeno número de municípios com mais de 200 mil eleitores.

É deveras duvidoso que essas inovações estejam efetivamente contribuindo para o aperfeiçoamento da democracia como prática social efetiva.

Com relação à primeira delas, não há como negar que é democrática e salutar a rotatividade, a cada pleito, dos mandatários dos Poderes Executivos. Cabendo advertir que, no pleito da semana passada, foi reeleita em Pernambuco mais da metade dos atuais prefeitos. Com respeito à segunda, o requisito de maioria absoluta, também vigente nas eleições para presidente e governadores, sobre romper tradição centenária do constitucionalismo brasileiro, não parece ser essencial à democracia, pois não se aplica nem ao grande número dos municípios, nem às disputas, majoritárias, para o Senado.

Por outro lado, a possibilidade de um segundo turno estimula uma pletora de candidatos no primeiro, além de embutir nele tendência à fragmentação, numa multiplicidade de siglas partidárias, da representação proporcional (vereadores ou deputados). E o segundo turno impõe voto plebiscitário desconfortável a muitos, induz alianças improvisadas e contrafeitas, além de poder eventualmente resultar no paradoxo da unção pelas urnas de candidato com menos votos do que os obtidos, no primeiro turno, por seu principal oponente.

Ademais, o segundo turno força o executivo (prefeito, governador ou presidente) a negociar, com base parlamentar eleita no primeiro turno (para as Câmaras de Vereadores, Assembléias Legislativas e as duas Casas do Congresso Nacional), coalizões políticas frágeis, fundadas muito mais em interesses e particularismos do que em princípios e compromissos de governo.

Publicado no *Diario de Pernambuco*, quinta-feira, 12 de outubro de 2000.

Ainda as eleições (e além delas)

ALGUNS LEITORES DO *DIARIO DE PERNAMBUCO* queixaram-se justamente de impropriedade em artigo meu, publicado no dia 12 de outubro de 2000, sob o título "Por que um segundo turno?". Devo-lhes explicação.

Nele, após registrar terem os brasileiros exercido naquelas eleições um dos mais importantes direitos da cidadania, afirmei que as democracias modernas assentam-se em três princípios basilares: o da soberania popular, pelo qual todo o poder político emana do povo; o do exercício desse poder sob o império da lei; e o princípio do emprego desse mesmo poder em benefício do povo, raiz dos direitos fundamentais contemporâneos.

Afirmei, em seguida, que a prática da democracia progrediu muito no Brasil neste século, a despeito de períodos de autoritarismo. Mas que avançou de forma desigual. Atendeu aos dois primeiros princípios: o corpo eleitoral tornou-se inclusivo, com pleitos ocorrendo regular e legalmente, pelo sufrágio universal. Mas está longe de garantir efetividade ao terceiro princípio, que supõe igualdade de oportunidades e inclusão econômica e social mínimas, contrapartes necessárias à liberdade política.

A partir daí, suprimiu-se na publicação do artigo o seguinte trecho: "As últimas eleições serviram muito pouco a esse último intento.

Mas foram mais um teste a duas novas regras eleitorais: a permissão da eleição dos atuais prefeitos para mais um mandato e a exigência de maioria absoluta de votos válidos nas escolhas dos prefeitos do pequeno número de municípios com mais de 200 mil eleitores."

Foi sobre essas duas inovações da Constituição de 1988 que manifestei a dúvida de estarem servindo ao aperfeiçoamento da democracia. Pois vejo como salutar a rotatividade, a cada pleito, dos mandatários dos Poderes Executivos. Considero que a exigência de maioria absoluta rompe tradição centenária e, não se aplicando ao grande número dos municípios, não parece a nosso Direito Público essencial à democracia. E encontro nas eleições em dois turnos o paradoxo de poder ser eleito candidato que tenha, no segundo turno, menor número de votos do que o obtido, no primeiro turno, por um de seus adversários. Sem falar no obstáculo à formação, pelos poderes executivos, de maiorias legítimas e estáveis nos órgãos legislativos.

A ausência daquele trecho, contudo, fez com que eu parecesse ver inúteis novidades no terceiro princípio da democracia, enunciado por Péricles quatro séculos antes de Cristo: ao dizer que Atenas era uma democracia porque "sua administração beneficiava aos muitos, em lugar de aos poucos". Uma Atenas na verdade de senhores proprietários (o *povo*) e de escravos despossuídos e, portanto, pelos critérios modernos, oligárquica.

O grande desafio da democracia brasileira é tornar mais efetivo o terceiro princípio da democracia: avançando além do apenas político para mais ampla inclusão econômica e social. Diante dele, os questionamentos que levantei sobre algumas das regras eleitorais vigentes no país são problemas menores, embora a meu ver relevantes.

Publicado no *Diario de Pernambuco*, com o título "Ainda as eleições", em 26 de outubro de 2000.

Corrupção, ética e sociedade

ATÉ QUE PONTO ATOS COMO transgredir as leis, praticar a corrupção, afrontar a moral pública são atributos comuns apenas aos homens públicos ("os eleitos"), sobre serem socialmente reprovados? Até onde são condutas comuns a quase todos ("os eleitores"), além de socialmente consentidas? Estas foram as perguntas feitas, em recente pesquisa do Ibope, aos eleitores brasileiros (*Corrupção na política: eleitor, vítima ou cúmplice?*, Ibope Opinião, www.ibope.com.br, 2006, 400 p.). As respostas apuradas são inquietadoras.

As entrevistas, realizadas entre 12 e 16 de janeiro passado, mobilizaram 2.002 eleitores em 143 municípios representativos do país (margem de erro de dois pontos percentuais, para mais ou menos). De modo genérico, 82% deles consideraram que os políticos são corruptos; 64%, que o povo é honesto.

Num segundo momento, porém, confrontados concretamente com 13 "irregularidades do dia-a-dia" – tais como sonegar impostos, falsificar documentos, comprar produtos piratas, fazer ligações clandestinas de água, luz ou televisão a cabo, surrupiar produtos de supermercado, dar "bola" para livrar-se de multa –, 69% responderam que já haviam cometido pelo menos uma delas. E disseram que, a seu ver, 98% dos brasileiros as praticam em seus cotidianos (em pesquisas dessa natureza, as informações colhidas sobre os "outros" costumam ser consideradas mais fidedignas).

Num terceiro momento, apresentadas 13 "incidências de corrupção na política" – entre elas: nepotismo, "caixa 2" em campanhas eleitorais, superfaturamento de obras públicas com desvio de dinheiro, mudança de partido por dinheiro ou em troca de favores, aproveitar viagens oficiais para lazer com a família, pagar despesas pessoais com dinheiro público –, 75% dos entrevistados afirmaram que praticariam pelo menos um desses atos se exercessem cargos públicos. E 59% disseram tolerar nos políticos pelo menos um deles, tolerância essa que, pasme-se, foi maior entre os jovens (87%) e os com educação superior (85%).

O que dizer desses dados constrangedores, malgrado paradoxais? Que os muitos, repetidos sintomas de frouxidão moral das lideranças estão minando todo o tecido social? Que somos uma sociedade tornando-se permissiva a ponto da implosão? Que se dissemina no país uma perigosa cultura da transgressão: das leis, das normas da convivência? Que a tão decantada pureza natural do povo revela-se, na prática, um mito?

Talvez um pouco de tudo isso, mas sem que se deva enxergar próxima, em todas as suas cores, uma tragédia social.

De um lado, porque o brasileiro ainda demonstra saber distinguir, em seu pensar, o certo do errado. Ele está, porém, cansado de ver que as leis não são cumpridas; que a Justiça, quase sempre tardia, sujeita-se a interesses pessoais e parcialidades políticas; e que o Estado nega-lhe acesso suficiente à saúde, à educação, à segurança ao tempo em que lhe impõe insuportável ônus fiscal. Esse estado de coisas precisa mudar rapidamente.

De outro lado, parece estar cedendo o umbral a partir do qual se vai ampliando, num crescendo, a tolerância social, inclusive a atos e condutas formalmente incriminados: ao pequeno suborno, à sonegação eventual. Como persiste resistindo uma certa indefinição entre o público e o privado por onde se imiscuem, sancionados socialmente, o nepotismo e outras formas de apropriação pessoal e familiar do Estado. São processos que devem ser estancados e pacientemente revertidos.

Mais complicado será receitar o que se deve objetivamente fazer para combater a complacência dos mais "educados" (isto é, de mais anos de estudo) e dos mais jovens (acaso imaturos?) a comportamentos ilegais ou eticamente reprovados.

Publicado no *Jornal do Commercio*, terça-feira,
11 de abril de 2006.

Os intelectuais e a política

O ATUAL DEBATE NACIONAL sobre o papel dos intelectuais em tempos de crise, de que é exemplo o ciclo de conferências *O silêncio dos intelectuais* (Belo Horizonte, iniciativa da UFMG, Ministério da Cultura e Petrobras), somente ganha pleno sentido quando se consideram suas múltiplas interfaces com a política.

O intelectual (de *inter*, dentro, e *legere*, ler) intenta compreender e explicar o mundo. Por meio da palavra, dita e escrita, ele exprime e difunde idéias, formula e defende propostas – inclusive projetos de sociedade, que submete ao debate público. Sua influência espelha a independência do pensamento, a capacidade de resolver problemas e propor soluções, a autoridade moral, o compromisso com a verdade. Independência, capacidade, autoridade, compromisso exercidos em ambientes de plena vigência das liberdades civis, comumente associados à democracia e ao pluralismo. E que conferem ao intelectual o desprendimento, a imprevisibilidade, a insubmissão e, no limite, a rebeldia próprios do libertário.

A política, por sua vez, não se refere a *politcs* (ciência e prática de governo), mas a *policies* (ações ou conjunto de ações que visam a objetivos predeterminados: política econômica, social, cultural, política de desenvolvimento). *Policies* essas que nada têm necessariamente a ver com a submissão às ideologias ou credos políticos, a obediência a seitas ou partidos, que são servidões a habitar tanto a política como *politcs* quanto o Estado apropriado (e aparelhado) por um partido político.

É fácil compreender o desejo de todos os governos de controlar ou cooptar os intelectuais (a Academia Francesa, criada em 1635 por Richelieu, já tinha esses propósitos). Mas é difícil esposar a tese gramsciana do "intelectual orgânico" (atado ao poder dominante), que seria, a rigor, um clérigo da cultura dirigida. Disso não se seguindo que o intelectual não deva esposar uma ideologia, ou filiar-se a um partido político, embora as paixões (como os interesses) possam turvar a razão e embotar o livre-pensamento.

Nos tempos de hoje, vivenciamos a tão anunciada "morte" das ideologias. Não mais dispomos de uma direita e uma esquerda como referências ideológicas seguras. Padecemos configurações políticas mutantes e sobrepostas. Praticamos alianças flutuantes porque mais táticas do que estratégicas. Predominam o pasteurizado das idéias, o desfibramento moral, as certezas provisórias, os pactos frouxos, a palavra descartável, o mais cínico relativismo.

É, pois, difícil postular dos intelectuais posicionamentos, claros e construtivos, que sejam faróis a iluminar a sociedade. Ou engajamentos conseqüentes e que tenham consistência e pertinácia.

Aqueles intelectuais envolvidos na política como *politcs*, de maior visibilidade – para quem, no caústico dizer de Pierre Bourdieu, "existir é ser visto na televisão"–, são quase sempre os mesmos que estão assistindo à derrocada ética de suas escolhas político-partidárias. Escondem-se dos fatos negando-lhes a evidência ou abraçam em fuga outras causas mais radicais.

Quanto aos intelectuais menos motivados pela práxis política – sim, o Brasil, suas universidades e outras instituições de pesquisa e reflexão os possuem –, é duvidoso atestar o seu silêncio. Eles continuam produzindo: nas salas de aula; nos fóruns, seminários e publicações acadêmicas; em seus livros; na grande imprensa. Para eles, o espaço do diálogo construtivo quase nunca é o do debate televisivo, comumente adicto aos *fast-thinkers*, à razão fácil, aos *prêts-à-penser*. A eventual ausência deles da mídia catódica não deve preocupar. O pensamento tem sua própria duração, sendo arriscado apressá-la.

À eloqüência da palavra é preferível a força das idéias. Quando elas tardam é porque ainda amadurecem.

Publicado no *Jornal do Commercio*, sábado, 26 de novembro de 2005.

Homens, Livros, Letras

Euclides: um paraíso perdido

EM CARTA A JOSÉ VERÍSSIMO, postada em Manaus há 100 anos (março de 1905), Euclides da Cunha indagou: "Acha bom o título *Um paraíso perdido* para meu livro sobre a Amazônia? Ele reflete bem o meu incurável pessimismo. Mas como é verdadeiro!"

A atração do autor de *Os sertões* pelos esplendores e mistérios da Amazônia já vinha de algum tempo. Entre 1901 e 1904 ele publicara pelo menos quatro artigos sobre o tema, depois coligidos em *Contrastes e confrontos* (1907). Aguçado era o seu desejo de empreender uma viagem de estudos à região, inclusive até o Acre, área em disputa por brasileiros e peruanos. Aceitou de pronto o convite que lhe foi feito pelo barão do Rio Branco para chefiar a parte brasileira da Comissão Mista Brasil-Peru de Reconhecimento do Alto Purus, a região conflagrada.

De Manaus, Euclides partiu rio acima para o Acre a 5 de abril de 1905. Na longa viagem, enfrentou grandes dificuldades: os encalhes sucessivos, o naufrágio de lancha que rebocava pesado batelão; o penoso transpor dos varadouros; o corte pela metade dos efetivos brasileiros; o difícil relacionamento com os peruanos. Mas deu conta da missão, produzindo preciosos relatórios, além de pioneiro mapeamento do Alto Purus.

Euclides frustrou-se de início com a Amazônia. Disse na Academia (1906): "Há dois anos, entrei pela primeira vez naquele estuário do Pará, que 'é rio e ainda é oceano' (...). Mas contra o que esperava não me surpreendi... (...). O que prefigurava grande era um diminutivo: o diminutivo do mar, sem o pitoresco da onda e sem os mistérios da profundura. Uma superfície líquida, barrenta e lisa, indefinidamente desatada para o norte e para o sul (...); caricaturas de ilhas (...), encharcadas de brejos – uma espécie de naufrágio da terra (...). Calei um desapontamento (...).''

Mas, "na antemanhã do outro dia (...), vi, pela primeira vez, o Amazonas... Salteou-me, afinal, a comoção que eu não sentira. Porque o que se me abria às vistas (...) naquele excesso de céus por cima de um excesso de águas, lembrava (ainda incompleta e escrevendo-se maravilhosamente), uma página inédita e contemporânea do *Gênese*".

Naquele mundo que considerou "o maior quadro da Terra", Euclides teve a impressão de que o homem era "um intruso impertinente": chegara "sem ser esperado nem querido – quando a natureza ainda estava arrumando o seu mais vasto e luxuoso salão". E encontrara "uma opulenta desordem". Uma natureza portentosa, mas incompleta. Pois "tem tudo e falta-lhe tudo".

"Tal é o rio; tal a sua história: revolta, desordenada, incompleta." "O povoamento do Acre é um caso histórico inteiramente fortuito, fora da diretriz de nosso progresso. Tem um reverso tormentoso que ninguém ignora: as secas periódicas dos nossos sertões (...), ocasionando o êxodo das multidões flageladas." A atividade no seringal desses migrantes derrotados é faina dolorosa: "a do homem constrangido a calcar durante a vida inteira a mesma (...) trilha obscurecida (...), partindo, chegando e partindo (...), no seu eterno giro de encarcerado numa prisão sem muros (...)." O debater-se exaustivo para saldar uma dívida que sempre cresce. É o homem que "trabalha para escravizar-se".

A Amazônia recordava a Euclides "a genial definição do espaço de Milton": escondia-se de si mesma. "Ela só aparece aos poucos, vagarosamente, torturantemente (...). Exige a penetração sutil dos microscópios e a visão apertadinha e breve dos analistas; é um infinito que deve ser dosado. Quem terá a envergadura para tanto?"

Euclides da Cunha não chegou a escrever *Um paraíso perdido*, que seria um novo livro-denúncia. Ele nos deixou, porém, páginas imorredouras sobre a Amazônia. Idéias, propostas. Lavrou seu protesto, vingou-se.

No prefácio que escreveu a *O inferno verde*, do amigo Alberto Rangel (1907), afirmou: "A inteligência humana não suportaria, de improviso, o peso daquela realidade portentosa. Terá de crescer com ela, adaptando-se-lhe, para dominá-la."

Publicado no *Jornal do Commercio*, quinta-feira,
31 de março de 2005.

Centenário de Os sertões

TÊM SIDO RALAS, ALÉM DE POUCO INSPIRADAS, as comemorações do centenário de *Os sertões* (São Paulo, Laemmert, 1902), de Euclides da Cunha (1886-1909), que se ombreia a *Casa-grande & senzala*, de Gilberto Freyre, na disputa pelo lugar de maior dos livros brasileiros.

A julgar pelo que se contém no último número da *Revista Brasileira*, da Academia Brasileira de Letras (janeiro-março de 2002), quase todo dedicado a *Os sertões*, a genial obra ainda perturba e confunde. O equívoco maior talvez seja persistir vendo nela, por um século já, uma epopéia, equiparada a *Os Lusíadas*: a epopéia de Canudos. Seu autor seria, assim, nosso ansiado "homérida".

Estranha epopéia! Não há glórias num genocídio. Nem heróis em um martírio coletivo. O próprio Euclides, na nota preliminar que escreveu, em 1901, para a primeira edição de seu *opus magnum*, afirma que a campanha de Canudos "foi, na significação integral da palavra, um crime". Seu livro é a denúncia do que ele viu como "um primeiro assalto, em luta talvez longa": entre brasileiros do litoral, embebidos de civilização européia e "armados pela indústria alemã", e brasileiros dos sertões, "relegados às tradições evanescentes, ou extintas". Luta entre dois mundos: no litoral, a racionalidade e o conhecimento, experimentação e livre-arbítrio, progresso e mudança; nos sertões, o fanatismo e a superstição, interdições e mitos; rotina e repetição.

Gilberto Freyre, grande intérprete de Euclides da Cunha, percebeu bem esse ponto, ao observar que Euclides deu aos sertões um significado brasileiro. Que o fez em palavras cheias de força, ferindo os ouvidos e sacolejando a alma dos "bacharéis pálidos do litoral com o som de uma voz moça e às vezes dura". Colocando-se "a favor do deserto incompreendido, dos sertões abandonados, dos sertanejos esquecidos".

Para Gilberto, Euclides clamou a favor do deserto brasileiro, dizendo: "Endireitai os caminhos do Brasil!" Esta foi sua grande mensagem: era preciso unir-se o sertão com o litoral para salvação, e não apenas conveniência, do Brasil. "O sertão era salvador: salvador dele, Euclides, e salvador do Brasil."

Um livro como *Os sertões*, complexo, múltiplo, torna-se de difícil enquadramento na moldura dos gêneros. É imaginação e realidade, história e alegoria, ciência e arte, expressão híbrida de razão e sensibilidade muito peculiares. Ele pode ser considerado um ensaio, o primeiro de nossos grandes ensaios modernos, polivalente em sua mobilidade de temas e formas.

É o próprio Euclides que sublinha ao longo do livro, repetidamente, o caráter trágico do que ele reporta. A própria estrutura de *Os sertões* simula teatralidade: *A terra* sendo o cenário; *O homem*, as personagens; *A luta*, a ação. Nele, as cenas de multidão (o povo fanático, a tropa avançando, a boiada estourando) soam como símiles do coro das tragédias gregas.

Os sertões é, pois, literariamente, a grande tragédia brasileira. A luta fratricida, "talvez longa", vaticinada por Euclides não prosperou. Mas é possível que tenha sido apenas adiada, pois persistimos sendo um país dividido.

Homens do litoral penetraram os sertões com os influxos de modernidade tardia além de incompleta, instável além de pouco eficaz. Gentes dos sertões fugindo das secas inundaram o litoral dilatando a já inquietadora pobreza das grandes cidades. Vivemos ainda perigosos abismos, fundas deformações sociais.

Euclides alertou-nos para tudo isso. Foi veemente no discurso, ruidoso nas frases, estrepitoso nos polissílabos. Viu longe. Mais que tudo, deixou-nos com sua arte um grande legado.

Publicado no *Diario de Pernambuco*, quinta-feira, 23 de maio de 2002 (com ilustração de Mascaro).

Outros Gilbertos

A UNIVERSIDADE FEDERAL DE PERNAMBUCO promoveu, durante uma semana (2000), o seminário *Outros Gilbertos*, em que se buscou compreender o homem plural que foi Gilberto Freyre e examinar as múltiplas dimensões de sua obra. A iniciativa, do Laboratório de Estudos Avançados de Cultura Contemporânea do Centro de Filosofia e Ciências Humanas, esteve sob a coordenação dos professores Antonio Jorge Siqueira, Antonio Motta e Jomard Muniz de Britto. Teve a participação de Edson Nery da Fonseca, autoridade em Freyre, Luiz Costa Lima, respeitado crítico literário e de idéias, Mário Hélio, autor do recente *O Brasil de Gilberto Freyre* – além de João Câmara, Antonio Paulo Resende e o autor deste artigo.

Em minha exposição, considerei Gilberto Freyre a personalidade cultural mais importante do país neste século. E sua obra magna, a *Introdução à história da sociedade patriarcal no Brasil* (o tríptico *Casa-grande & senzala*, *Sobrados e mocambos* e *Ordem e progresso*), o maior empreendimento intelectual brasileiro.

Autor e obra, porém, continuam desafiando seus intérpretes: em parte porque Gilberto, um inventor do Brasil, foi o grande inventor dele mesmo: de sua imagem, sua personificação. E porque foi também um intérprete insuperável de sua própria criação. Mas, sobretudo, porque seu trabalho de hermenêutica histórico-social rejeitou simplificações redutoras, indo além das diversas disciplinas que segmentam o conhecimento do homem e das estreitas racionalizações que o transformam em esfumaçado fantasma. Foi alicerce de uma nova ciência, talvez de uma antropologia fundamental. Que desafia velhos saberes. Que rompe fronteiras estabelecidas. Que articula o homem a sua situação para compreender suas vivências.

Mais do que razão apenas técnica, instrumental, Freyre praticou uma razão empática, relacional. Foi um autor-intruso, que penetrou o passado, apropriou-se dele como se fosse um tempo igualmente seu, presente. Foi um autor-cúmplice, envolvendo-se em sua criação. Nessa intrusão e cumplicidade reside a força reveladora de sua interpretação, que é ciência, mas também é arte.

Gilberto Freyre viu em Euclides da Cunha um poeta que compreendeu os sertões melhor do que qualquer geógrafo, qualquer antropólogo; o profeta que clamou pelos sertões, dando-lhe um significado brasileiro; e o artista que os interpretou com palavras cheias de força em defesa dos sertanejos abandonados. Era preciso unir o sertão ao litoral para salvação do Brasil – a salvação dele, Euclides.

Ao pensar Euclides, Gilberto também se terá visto um poeta, artista, profeta. O poeta do Nordeste do massapé, do açúcar, aposto ao outro Nordeste, o dos sertões, os dois Nordestes completando-se sem renúncias ou usuras. O artista que reabilitou nos brasileiros – e nele próprio, para sua salvação – um passado denegrido que parecia condenado. E o profeta que exorcizou estigmas e espantou desânimos, apostando no futuro do Brasil como civilização que, para seguir se modernizando e progredindo, não precisa repudiar heranças não-européias de raça e cultura, nem lamentar condições tropicais de clima e vida.

Publicado no *Diario de Pernambuco,* quinta-feira,
14 de dezembro de 2000.

Morte e vida severina

O ANO DE 1956 – O DA POSSE de Juscelino Kubitschek como 24º presidente do Brasil – tornou-se marco também para as letras nacionais. Foi o ano da publicação de *Grande Sertão: veredas* e *Corpo de baile*, de Guimarães Rosa; do lançamento de *Poesia concreta: um manifesto*, de Augusto de Campos; e o ano da edição de *Morte e vida severina*, de João Cabral de Melo Neto. Três rupturas com os cânones, já velhos de três safras (as "gerações" de 1922, 1930 e 1945), do modernismo. Três sintomas de uma "nova literatura" (Assis Brasil), caracterizada por "uma volta às próprias coisas" (Alfredo Bosi) e grande autonomia estética.

Morte e vida severina foi publicada em *Duas águas* (Rio de Janeiro, José Olympio, 1956), poemas reunidos de João Cabral que, além de reeditar obras anteriores, lançou, em livro, *Paisagens com figuras* e *Uma faca só lâmina*.

Trata-se de obra singular: por apresentar-se como um "auto de Natal pernambucano", reminiscente dos autos sacramentais ibéricos; e por estar, desde o início, sutilmente mergulhada em aura mágica, tecida na religiosidade matuta do interior do Nordeste.

O poema embala-se ao ritmo da redondilha maior, o melódico verso setissílabo do medievo português. E desenvolve enredo que é uma denúncia: o de desempregado retirante chamado, como tantos outros, Severino: Severino "de Maria", "do finado Zacarias, lá da serra da Costela, limites da Paraíba". Ele migra para o litoral seguindo o curso do rio Capibaribe e sua sucessão de misérias, padecimentos e mortes encarnados na vida nos homens. Cumprindo um itinerário-vida, de muitas perguntas sem resposta. Que é, ao mesmo tempo, um itinerário-morte. Morte igual, a mesma morte severina: "a morte em que se morre de velhice antes dos 30, de emboscada antes dos 20, de fome um pouco por dia".

Só a morte, a miséria encontrando quem imaginara achar emprego e vida, Severino retirante chega ao Recife: só para descobrir que, na viagem que fazia, seguia, sem saber, desde os sertões agrestes, o próprio enterro. Já planeja saltar da ponte para o outro mundo quando se depara com a alegria dos que festejam um menino que acaba de pular para a vida. Comemora-se, em meio à penúria de sempre, o nascimento do filho de um "seu José, mestre carpina", que mora em mocambo de lamaçal.

Segue-se celebração, em forma de singelo ofertório, ao recém-nascido. Celebração à vida. A dizer que vale vivê-la, presença viva. Mesmo quando a vida é uma vida severina.

Malgrado o emocional desse enredo, em nenhum momento o poema rende-se ao pieguismo. João Cabral refuga toda uma ganga sentimental e pitoresca para ater-se à nua intuição-sugestão das coisas. E produz, na secura, precisão, incômodo latente de seus versos, uma das "peças mais belas de nossa poesia" (Alberto Mussa). Peça que, entre as *duas águas* opostas descendo da cumeeira em que o próprio autor bifurcou sua obra, pertence à água de veio mais popular, forma mais simples, público amplo.

Embebida em 1965 no adocicado, a ponto do enjoativo, da partitura em que Chico Buarque a musicou (depois de mutilá-la), *Morte e vida severina* ganhou grande notoriedade. Perdeu, porém, muito da força e expressividade. E ressente-se desde então de autonomia comunicativa: para os leitores que, conhecendo a música, não conseguem descolá-la do poema.

Publicado no *Diario de Pernambuco*, quinta-feira,
14 de fevereiro de 2002 (com ilustração de Hime Navarro).

Montaigne e os canibais

MARCOS VILAÇA APRIMORA em suas andanças pela Europa o faro pelos bons livros. Um de seus mais recentes achados em Paris foi *La France et le monde luso-brésilien: échanges et représentations (XVIe-XVIIIe siècles)*, Clermont-Ferrand, 2005. É coletânea de estudos sobre esse tema, reunidos por Saulo Neiva e resultantes de colóquio havido na Universidade Blaise Pascal em 2002 – publicados justamente no ano dedicado pelos franceses ao Brasil.

Durante o Brasil colônia, as relações entre os reinos de França e Portugal não foram nada pacíficas. Em seus três momentos de maior beligerância, a Coroa francesa ocupou e dominou partes do litoral da vasta empresa lusa da América: com o projeto da França Antártica, de que resultou a ocupação da baía da Guanabara (1555-1560); com a experiência da França Equinocial, no Maranhão (1612-1615); e com a tomada do Rio de Janeiro pelo corsário Duguay-Trouin (1711), o episódio mais audaz da guerra de corso por três séculos travada entre os dois países nas costas brasileiras.

Não é, pois, de surpreender a presença, desde o século XVI, de índios brasileiros na velha Gália. A mais famosa e antiga delas teria sido a apresentação, em Ruão (1562) – ao jovem rei Carlos IX, sua mãe, Catarina de Médicis, e à corte –, de três tupinambás provindos da França Antártica. Cena que, testemunhada por

Montaigne, foi imortalizada em seu *opus magnum*, *Ensaios*. (*Essais*, 1580, livro i, capítulo xxxi, intitulado *Des cannibales* – cf. Montainge, *Œuvres complètes*, Paris, Gallimard, 1965, p. 200-13, Bibliothèque de la Pléiade.)

Nesse belo e exaltado ensaio, Michel de Montaigne (1533-1592) foi o primeiro grande homem de letras a endossar, sobre o Brasil, tanto a visão idílica de "paraíso" quanto a teoria da bondade natural do homem, representada no *bon sauvage*. Minuciosamente informado por testemunha "que morou por 10 ou 12 anos nesse outro mundo que foi descoberto neste século, no lugar onde Villegagnon aportou", ele afirma que "nada há de bárbaro e selvagem" nos índios, povo muito próximo da "ingenuidade original", "puro e simples". Chega a atenuar o canibalismo ("Penso que há mais barbárie no comer um homem vivo do que morto, em dilacerar por tormentos e maus-tratos um corpo ainda cheio de sentimento..."). E descreve com simpatia e acuidade a vida, os costumes, as práticas, as crenças "dessas nações somente comandadas pelas leis naturais".

Montaigne afirma que, em Ruão, Carlos IX falou "longo tempo com os indígenas, mostrou-lhes nossos modos, nossa pompa, a forma de uma bela cidade". Alguém quis saber o que eles acharam mais admirável. Os índios estranharam que "tantos homens barbudos e fortemente armados" se submetessem a uma criança (o rei tinha então 12 anos). E surpreenderam-se com a fome e a pobreza de uns em meio à abastança e comodidade de outros.

Um dos estudos do livro garimpado por Marcos Vilaça, da lavra de José Alexandrino de Souza Filho, demonstra com firmeza que esse encontro tem pouquíssima probabilidade de ter ocorrido no tempo e no lugar assinalados por Montaigne. Em 1562, a cidade de Ruão, cercada, era palco de combates sangrentos entre protestantes e católicos. Cheirava a sangue e pólvora quando Carlos IX e sua mãe, Catarina de Médicis, nela chegaram (28 de outubro), em apoio aos católicos. Sendo ademais duvidoso que Montaigne tenha estado em Ruão nesse ano e dia.

O que até agora vem sendo verdade histórica não passaria, pois, de uma representação literária. Souza Filho chama-a de "conto canibal de Montaigne".

Não é à toa que Montaigne adverte, logo no início dos *Ensaios*: "eu sou o que eu pinto". Acrescenta: "(...) se eu estivesse entre essas nações que se diz viverem ainda sob a doce liberdade das primeiras leis da natureza, asseguro que me faria prazerosamente pintar de corpo inteiro – e inteiramente nu". Concluindo: "Assim, leitor, eu próprio sou o tema de meu livro."

Além de grande escritor, ensaísta, filósofo, moralista, Montaigne coloca-se nos *Ensaios* em interação dialógica com o mundo. Autor intruso, revela nova e surpreendente faceta: a de precursor da ficção historiográfica.

Publicado no *Jornal do Commercio*, quinta-feira, 1º de setembro de 2005.

Os 400 anos de *Dom Quixote*

A ESPANHA, O MUNDO TODO já celebram o quarto centenário de *El ingenioso hidalgo don Quijote de la Mancha*, a primeira e, para muitos, a maior das novelas modernas. Ela veio à luz em Madri no mês de janeiro de 1605.

Miguel de Cervantes Saavedra (1547-1616), o autor, viajou desde criança pela Espanha, seguindo as andanças do pai, modesto médico-farmacêutico itinerante. Perdeu as parcas chances de formação universitária, mas adquiriu cedo o gosto da leitura. Com pouco mais de 20 anos partiu para a Itália. Serviu em Roma ao cardeal Giulio Acquaviva. Integrou as tropas espanholas em santa aliança contra o império otomano. Na batalha de Lepanto (1571), ninguém em seu navio o superou em bravura: doente e febril, o soldado Miguel expôs-se ao máximo perigo, foi ferido várias vezes, perdendo os movimentos da mão esquerda (segundo ele, "para a maior glória da mão direita").

Em 1575, quando regressava a seu país a bordo do galeão *Sol*, foi capturado pelos turcos e mantido escravo durante cinco anos em Argel. Concebeu e praticou confusas e frustradas fugas, verdadeiras quixotadas *avant la lettre*. Chegou à Espanha em 1580, após custoso resgate. A breve campanha político-militar que reunira naquele ano as duas coroas ibéricas já findara, mas Cervantes ainda cumpriu missões menores em Portugal (Tomar) e África (Orã).

De volta a Madri, desiludido de cargos públicos, dedicou-se à atividade de dramaturgo, produzindo cerca de 30 obras. Delas sobreviveram *El trato de Argel* (*drama a noticia* baseado em seus infortúnios nas prisões turcas), a tragédia *La Numancia*, além de comédias e oito *entremeses*, interlúdios cômicos de grande movimento e vivacidade, publicados em 1615 e nunca dantes encenados. Sua dramaturgia explica muito da construção em mais de um aspecto teatral do *Dom Quixote*.

O *opus magnum* cervantino foi concebido como paródia dos "falsos e absurdos" livros de cavalaria. A confessada admiração de Cervantes pela obra em prosa de origem portuguesa *Amadis de Gaula* (em circulação desde fins do século XIII) o levou a incorporar ao livro várias das características do romance cavalheiresco, então em grande moda. Esse legado, associado a insuperável imaginação e rico humorismo, garantiram-lhe sucesso imediato. Embora muitas das intuições filosóficas cervantescas sobre a natureza das coisas e o sentido da vida somente tenham sido inteiramente compreendidas no século passado, ninguém lhe negou, desde o princípio, sua importância como entretenimento. "Aquele homem ali ou está ou louco, ou lendo o *Dom Quixote*", disse Filipe III da Espanha (Felipe II de Portugal) ao observar, do balcão de seu palácio de Valadoli, pessoa com um livro à mão contorcendo-se de rir.

Cervantes ainda trabalhava na prometida segunda parte do *Dom Quixote* quando teve notícia da publicação, em 1614, de uma espúria continuação da obra, de autor desconhecido. Contrafeito, apressou-se em concluí-la. Editada isoladamente em 1615, ela logo se espalhou por toda a Europa. A partir da edição de Barcelona (1617), as duas partes autênticas da novela aparecem juntas.

Dom Quixote é, depois da Bíblia, o livro mais traduzido do mundo. Grande é sua força comunicativa. Insuperável a influência sobre o romance moderno: de Fielding, Sterne e Melville a Goethe, Stendhal e Dostoievski. Seus dois principais personagens – dom Quixote, o cavaleiro andante, e Sancho Pança, seu fiel escudeiro – tornaram-se figuras emblemáticas. Elas opõem o idealismo visionário e ingênuo ao realismo prático e reles. Contrastam o herói desastrado de epopéia sem vitória e o *gracioso*, aquele mesmo criado bufo de todas as comédias. No primeiro, a compaixão segura o riso; no segundo, o burlesco desata-o sem piedade. O tempo deles é circular; o acaso, o eixo da ação ficcional; a loucura e a asneira, as estratégias antípodas de aproximação da realidade.

Dom Quixote, 400 anos! Nem no maior de seus delírios o comovente cavaleiro andante terá imaginado tamanha sobrevida, glória tão universal.

Publicado no *Jornal do Commercio*, quinta-feira, 30 de setembro de 2004.

Nassau e o barroco

DOIS LIVROS DE DOIS ILUSTRES pernambucanos merecem a atenção do público que faz uso da leitura como lazer e instrumento da educação permanente. O primeiro, *Nassau: esmalte flamengo* (Recife, Nossa Livraria, 2001), do publicista Luiz Otávio Cavalcanti, é obra de ficção histórica sobre o período de dominação neerlandesa em Pernambuco. O segundo, *O brilho da simplicidade* (Rio de Janeiro, Casa da Palavra/Departamento Nacional do Livro, 2001), do arquiteto Glauco de Oliveira Campello, divulga dois alentados estudos sobre arte religiosa no Brasil colonial, em particular no Nordeste.

Projetar luzes, reavivando formas e cores do passado, soprar-lhes alma, vivificando vultos históricos e viveres cotidianos, são sempre tarefas difíceis. E se tornam mais complexas quando o fulcro desse mergulho em tempos idos é o inquieto e enigmático Johan Maurits, graaf van Nassau-Siegen, o João Maurício de Nassau governador e comandante militar durante a fase áurea (1636-1644) do domínio holandês do Nordeste. Humanista que transformou o Recife na florescente Maurícia, Nassau, embora invasor e títere, tornou-se mito no imaginário pernambucano e ícone do panteão de sua História.

Luiz Otávio enfrenta com êxito esses desafios. Seu livro, mais que um retrato de corpo inteiro de Nassau, é um amplo, atraente e bem documentado painel do Brasil holandês, fiel no essencial aos fatos, mas desenhado com o proveito dos graus de liberdade concedidos pela ficção histórica. Em estilo elegante, que lembra por vezes a prosa de José Saramago, ele transforma dois personagens emblemáticos construídos, o brasileiro de ascendência portuguesa Pedro de Castro e sua amada Juliana, filha de nobre holandês, no fio condutor de narrativa fluente e reveladora.

A obra de Glauco Campello é ensaio sobre a arquitetura religiosa no Nordeste colonial antes, mas sobretudo depois, do período holandês. Dedicado às construções religiosas franciscanas (de Olinda, João Pessoa, Ipojuca, Igarassu) e à arquitetura jesuítica (com ênfase na Catedral Basílica de Salvador e no Colégio de Olinda e sua serena e singela Igreja de Nossa Senhora das Graças). O autor observa que a preocupação em salientar uma herança barroca na arte religiosa brasileira ensejou uma extensão da denominação tanto à arquitetura rústica e retilínea dos primeiros séculos, com dominâncias românicas, quanto aos estilos maneirista, rococó e até neoclássico. Essas influências, contudo, manifestaram-se entre nós de forma pontual, às vezes descontínua, às vezes simultânea. Independentes delas, condições próprias do meio, dificuldades técnicas, materiais, financeiras e um anseio de expressão própria (este sim, revelador de uma visão barroca do mundo permeando a sociedade) criaram uma arquitetura original, de grande força expressiva. Suas constantes são o brilho e a sensibilidade. Elas persistem até hoje, realçadas, por exemplo, na obra de Oscar Niemeyer, desafiando racionalismos, modernismos, funcionalismos.

A presença neerlandesa no Nordeste (1630-1654) deixou poucos rastros. Brilhante nas artes e nas ciências no tempo de Nassau, foi uma intermissão norte-européia evanescente. Mas povoa nossas representações do passado. E gerou forte sentimento nativista que está nas raízes da nacionalidade. Há, pois, sobradas razões para que se comemore entre nós, daqui a dois anos, o quarto centenário de Nassau, nascido em Dilemburgo, Alemanha, em 17 de junho de 1604. Não só no Brasil: também nos Países Baixos e na Alemanha, onde Maurício de Nassau, chamado *o brasileiro*, é admirado e cultuado.

Publicado no *Diario de Pernambuco*, terça-feira, 28 de fevereiro de 2002.

Marília de Dirceu

Tu não verás, Marília, cem cativos
Tirarem o cascalho e a rica terra
Ou dos cercos dos rios caudalosos
Ou da minada serra.

(...).

Não verás derrubar os virgens matos,
Queimar as capoeiras inda novas,
Servir de adubo à terra a fértil cinza,
Lançar os grãos nas covas.

É SURPREENDENTEMENTE contemporânea a sensibilidade dessa queixa-lamento das feridas abertas nas terras alterosas das Minas Gerais pelo homem do Setecentos. Seu autor é Tomás Antônio Gonzaga (1744-1810). A obra, *Marília de Dirceu*, recém-editada pela Academia Brasileira de Letras (Coleção Afrânio Peixoto, Rio de Janeiro, 2001, parte 3, lira III, p. 219).

    T. A. Gonzaga nasceu no Porto. Ainda menino, veio com o pai, magistrado brasileiro, para Pernambuco. Estudou com os jesuítas na Bahia e cursou Direito em Coimbra. Retornou ao Brasil em 1782, como ouvidor-geral de Vila Rica (Ouro Preto). Já maduro, conheceu Maria Dorotéia de Seixas, 20 anos mais nova, a Marília que cortejou em versos. Envolvido na Inconfidência Mineira, levado a ferros ao Rio de Janeiro em 1789, foi degredado três anos mais tarde em Moçambique, onde faleceu.

Marília de Dirceu é, depois de *Os Lusíadas*, o texto poético mais publicado de nossa língua: 53 edições portuguesas ou brasileiras, a primeira delas, de 1792, publicada em Lisboa no ano em que o autor partiu para o exílio africano.

Há boas razões para esse êxito e popularidade.

A lírica gonzaguiana transcende o formalismo arcádico de seu tempo. Veste a melhor tradição clássica de pureza do sentimento e cuidado da linguagem. Inspira-se na estética ibérica do Século de Ouro, lembrando, pela singeleza métrica, gosto retórico, pulsão erótico-idílica, ora Lope de Vega e Gil Vicente, ora Góngora e Quevedo, ora Camões e Cervantes. Ela antecipa, no tom confessional e no ar de tristeza e melancolia, o romantismo.

Gonzaga é um dos maiores poetas de nossa língua. Tão importante quanto seu contemporâneo Bocage (1765-1805). Dois temas muito caros a ele, o amor e a morte, estão presentes na graciosa fábula, de límpidos versos menores, reproduzida a seguir (*Marília de Dirceu*, Parte 3, lira IV, ed. cit., p. 221-3):

> Amor por acaso
> A um pouso chegava
> Aonde acolhida
> A Morte se achava.
>
> Risonhos e alegres,
> Os braços se deram
> E as armas unidas
> Num sítio puseram.
>
> De empresas tamanhas
> Cansados já vinham
> E em larga conversa
> A noite entretinham.

Um conta que há pouco
A seta aguçada
Em uma beleza
Deixara empregada.

Diz outro que as flechas
Cravara no peito
De um grande que teve
O mundo sujeito.

Enquanto das forças
Cada um presumia,
Seus membros já lassos
O sono rendia.

Dormindo tranqüilos,
A noite passaram
E inda antes da aurora
Com ânsia acordaram.

"É tempo que o leito
Deixemos, ó Morte",
Amor, já erguido,
Falou desta sorte.

"É tempo", em resposta
A Morte repete,
"Que à nossa fadiga
Dormir não compete.

As armas colhamos,
Voltemos ao giro:
Cada um a seu gosto
Empregue o seu tiro".

Vão, inda cos olhos
Em sono turbados,
Ao sítio em que os ferros
Estão pendurados.

Amor para as setas
Da Morte se inclina;
De Amor logo a Morte
Coas flechas atina.

Oh! golpes tiranos!
Oh! mãos homicidas!
São tiros da Morte
De amor as feridas.

De um sonho, que pinto,
Marília, conhece
Se de amor ou de morte
Esta alma padece.

Publicado no *Diario de Pernambuco*, com o título
"Dirceu", quinta-feira, 23 de agosto de 2001
(com ilustração de Mascaro).

Posse na Academia

A POSSE DO SENADOR Marco Maciel na Academia Brasileira de Letras foi uma festa de Pernambuco. Da mesma geração de pernambucanos são o eleito e o acadêmico Marcos Vilaça, que o saudou. Ambos embalaram no sotaque da terra as glórias de Pernambuco, ressaltando o quanto devem a urbe tão fértil e generosa. Na numerosa e representativa audiência que transbordou a Casa de Machado de Assis era expressiva, senão majoritária, a cota dos conterrâneos.

Em discurso substancial, Marco Maciel cumpriu o rito acadêmico ao celebrar o historiador Francisco Adolfo de Varnhagen, patrono da cadeira 39, de que o senador é o oitavo ocupante, bem como os que nela antes se sentaram. Destacou o diplomata e historiador pernambucano Oliveira Lima, fundador da cadeira, e o antecessor imediato, jornalista Roberto Marinho. Deu provas de talento e cultura ao discorrer sobre as interfaces entre a política e a literatura e ao sintetizar o ideário liberal temperado de justiça social que vem pautando seu já longo, brilhante e coerente itinerário de homem público.

Como sempre, Marcos Vilaça encantou com a erudita e bem-humorada saudação que recepcionou o novo acadêmico. Compôs-lhe o retrato inteiro: da pessoa, do intelectual, do político. Interpretou suas crenças, as idéias, as obras. "O seu discurso é um ato de fé, aquela operária de todas as vitórias. A fé, o povo, o sol das praças são imagens da sua fala", disse Vilaça.

Em editorial de 4 de maio, dia seguinte à solenidade, o *Jornal do Brasil* (que tem a cara do Rio de Janeiro) considerou a posse "um momento de orgulho para os políticos e pensadores brasileiros" e "um reconhecimento mais do que merecido".

A Academia Brasileira de Letras, criada em 1897 à imagem da Académie Française (que nasceu em 1635), não empresta às Letras o sentido, restritivo, de literatura de ficção. Sempre as entendeu na acepção, ampla, de humanidades; amplíssima, por vezes, de erudição, cultura.

É requisito necessário para ascender à imortalidade ser escritor: escritor de livros publicados e relevantes. Na Academia convivem, desde o século XIX, poetas e romancistas com ensaístas, gramáticos, historiadores, filósofos, jornalistas, políticos; mais recentemente médicos, até economistas. De comum, poder-se-ia dizer que os acadêmicos todos são intelectuais, no sentido de serem votados às coisas do espírito. E que eles são, em sua grande maioria, notáveis: no sentido de terem conquistado notoriedade nacional em variados saberes e fazeres.

Marco Maciel é um intelectual *na* política, *avis rara* desta República neste início de século. Homem de pensamento e reflexão, ele submete ação política sempre pautada pelo interesse coletivo a severos crivos éticos. Seus livros e artigos divulgam as idéias do homem público, reflexões sobre o Brasil e seu futuro. Tratam com freqüência do aperfeiçoamento das instituições e processos políticos e eleitorais, província esta, a das eleições, onde ele tem se revelado imbatível. Por isso, Maciel também pode ser considerado um intelectual *da* política.

Foi como *avis cara*, caríssima, que Marco Maciel foi recebido pela Academia. Em assembléia sem unanimidades (a não ser as retóricas), sua eleição foi consagradora. A posse ministrou-lhe a graça da confirmação.

Publicado no *Diario de Pernambuco*, sexta-feira, 7 de maio de 2004.

Dois destaques editoriais

VÊM SENDO RELATIVAMENTE magras, neste 2001 prestes a findar-se, tanto a produção editorial relevante de Pernambuco quanto, sobretudo, a do Brasil. Mormente quando comparadas às do ano 2000, marcado pelos signos do final do milênio e dos cinco séculos do Descobrimento. E entre nós, pernambucanos, pelo centenário do nascimento de Gilberto Freyre.

Despontam nelas, porém, com mérito e brilho, no caso pernambucano, a publicação mensal *Continente multicultural* (Recife, Cepe, n° 1: jan. 2001; n° 11: nov. 2001); e, no brasileiro, o *Dicionário Houaiss da língua portuguesa*. (Rio de Janeiro, Objetiva, 2001, 1ª ed., 2.925 p.)

Continente multicultural (editada por Mário Hélio) é uma revista de agenda cultural aberta e dinâmica, polivalente em seus conteúdos, diversa nas formas de abordá-los. Sua dilatada temática incorpora a história e a pré-história, o livro, a literatura e a vida literária, o patrimônio cultural, a arquitetura e as artes visuais, o teatro, o cinema e a música, a educação, a política, inclusive internacional, e muito mais (sem esquecer a culinária, presente na coluna intitulada *Sabores pernambucanos*, muito bem confiada a Maria Lectícia Monteiro Cavalcanti). Pretende ter interesses, além de estaduais e nacionais, também universais.

Mas é, ao mesmo tempo, gostosamente pernambucana. Quando confere certas ênfases históricas (como a idealização de certos passados, o Brasil holandês, por exemplo, em especial o período nassoviano, mesmo quando desmitificado na entrevista do historiador holandês Ernst van den Boogaart, publicada na revista). Quando valoriza (por que não?) personalidades e artistas locais, alguns já consagrados, no Brasil e no exterior. Ou ao abordar certos temas sob óticas muito peculiares: Caetano Veloso versus Joaquim Nabuco; a origem pernambucana do Quincas Berro D'água, de Jorge Amado. (Nada contra a Bahia...)

Continente (assim alguns vêm chamando, por necessidade de concisão, o excelente periódico) vem, ao longo de 11 meses de vida, mantendo-se fiel a um bom projeto gráfico: hábil em combinar imagens e textos; variável na configuração de suas páginas, simples ou duplas; suficientemente bem-comportado para conferir a seus sucessivos números bastante harmonia e identidade visuais.

O *Dicionário Houaiss* é empreendimento ciclópico. Levou 15 anos para ser produzido, envolvendo equipe, dirigida pelo filólogo Antônio Houaiss (até 1999, ano de sua morte), de 34 redatores, entre lexicógrafos, morfologistas, etimologistas, datadores, editores e tradutores, além de 43 especialistas externos (nas várias áreas do conhecimento) e colaboradores de Portugal (onde será também editado) e outros países de fala portuguesa. A obra registra 228.500 unidades léxicas. E não privilegia tempos históricos, países ou regiões, pretendendo ter alcance amplamente lusofônico ao incorporar palavras ou locuções dos crioulos orientais e africanos, já incorporadas à literatura de expressão portuguesa.

Com projeto gráfico competente e inovador, impresso com esmero na Itália, a obra equivale sozinha a vários dicionários, pois possui, para cada verbete, campos indicativos da pronúncia, datação (primeiro registro conhecido), conteúdo e definições (inclusive informação enciclopédica, que às vezes se ressente da necessária precisão conceitual), gramática, etimologia, sinônimos, antônimos, coletivos, homônimos, parônimos, além de outros registros.

O *Houaiss* veio para ficar. Será referência e consulta obrigatórias, aquém e além-mar.

Publicado no *Diario de Pernambuco*, quinta-feira, 6 de dezembro de 2001 (com ilustração de B.).

São Gerardo

GERARDO MELLO MOURÃO, cearense de Ipueiras, fundas raízes pernambucanas, é poeta dos maiores. Sua trilogia *Os Peãs*, integrada por *O país dos Mourões* (1963), *Peripécia de Gerardo* (1972) e *Rastro de Apolo* (1977), constitui obra singular entre nós. Que combina vida, mito, símbolo, alegoria na criação de uma épica que, sendo brasileira e nordestina, transcende esses lugares por ser universal; e, sendo história e gesta, transforma o tempo em permanência. Obra de escritura poética construída na força da palavra, o ritmo atordoante galope, poesia e prosa fundidas em torrente vigorosa. Elevando-se, sem perder o sopro épico, em cânticos, extremando-se em paixões. Obra completada em 1997 com o poderoso poema épico *Invenção do mar*, que culmina em belo canto-memorial da Guerra Holandesa.

Gerardo cursou seminário de padres redentoristas. Já clérigo noviço, abandonou em 1937 o convento, pouco antes de proferir os votos de pobreza, castidade e obediência. Rompeu para sempre com a castidade e a obediência, mas conserva "a luxuosa opção da pobreza". Faz poesia desde garoto, mas, em 1940, queimou ritualmente numa praça de Buenos Aires 60 e tantos cadernos "de poesia ruim escrita torrencialmente na meninice e na adolescência".

Ele sabe nove línguas, entre elas o latim e o grego, presentes em sua poesia. Viajou pelos quatro cantos do mundo, vivendo mais longamente, fora do Brasil, no Chile e na China. Embora freqüentemente escravo do trabalho, nunca teve, e não quer ter, profissão. A poesia é seu "único tempo", o "único espaço possível, a única categoria humana, exercitada menos no ato de fazer poemas que na forma e no rito de conviver com as coisas, os lugares e as pessoas".

A importância de sua poesia foi reconhecida no Brasil, entre outros, por Tristão de Athayde, Carlos Drummond de Andrade e Wilson Martins; e no exterior, por Ezra Pound, Jorge Luis Borges, Octavio Paz e Robert Graves.

O último livro de Gerardo Mello Mourão veio à luz há algumas semanas. Trata-se de *O bêbado de Deus: vida e milagres de são Gerardo Majella* (São Paulo, Green Forest, 2001). Com ele, Gerardo resgata compromisso assumido consigo mesmo: o de narrar a vida mágica do santo que seu próprio nome, também Gerardo Majella, homenageia (Gerardo, grafia comum no interior do Nordeste, e não o abrandado Geraldo, mais usual no restante do Brasil).

Há nele fina sensibilidade e rico talento. Gerardo escreveu outro livro forte, embebido daquela "razão sem razão" em que se confrontam o século e o eterno. Livro distante de hagiografia apenas encomiástica e somente piedosa.

Crente em Deus e seus prodígios, católico porém "à beira da heresia" por sua inconformidade às reformas litúrgicas, Gerardo, antes de reinventar a vida de seu homônimo, o *bêbado de Deus*, desenvolve – convivente desde a infância a tanta espiritualidade – interessantes reflexões sobre o milagre. Diz: "Naquele tempo [a Itália do século XVIII] havia milagres. Havia muitos milagres, com espantosa freqüência. E havia milagres porque havia santos. E havia santos porque a gente acreditava nos milagres e nos santos." Ajuntando, com uma ponta de ceticismo: "Parece que o mundo precisa voltar a acreditar de novo nos santos e nos milagres, para ver, como via naquele tempo, os santos, os milagres e os anjos."

Seria esse, crê Gerardo, um mundo melhor: de mais encanto e graça, mistério e beleza.

Publicado no *Diario de Pernambuco*, quinta-feira, 17 de janeiro de 2002 (com ilustração de B.).

Aloísio, vinte anos depois

COMEMORAM-SE ESTE ANO (2002), princialmente no Recife e em Brasília, duas décadas da morte do artista plástico, designer e homem público pernambucano Aloísio Magalhães (1927-1982).

Dois períodos foram seminais no processo de institucionalização de uma política cultural para o Brasil. O primeiro deles, dos anos 1930, protagonizado por Mário de Andrade e Rodrigo M. F. de Andrade, sinaliza-se pela criação, em 1937, do Serviço do Patrimônio Histórico e Artístico Nacional. O segundo, dos anos 1970 e 1980, comandado por Aloísio Magalhães, foi marcado pela instalação, em 1975, do Centro Nacional de Referência Cultural. Pela integração, em 1979, do CNRC e do Sphan na Fundação Nacional Pró-Memória. E pela criação da Secretaria de Cultura do Ministério da Educação, precursora do Ministério da Cultura.

Enquanto pensava, defendia e estruturava essa nova institucionalização, Aloísio foi criando sua obra mais importante: as bases de uma nova política de cultura para o país.

Era preciso conceber um sistema básico de referência para a compreensão e valorização da cultura brasileira. Fazê-lo não a partir de uma concepção restritiva de cultura, mas de um conceito dela amplamente antropológico: abarcando todo o pensar, o agir, o fazer humanos, quando motivados por valores. E valores não apenas estéticos ou históricos: também os geradores dos muitos saberes, inclusive os técnicos, utilitários, populares. Fazê-lo não a partir de uma visão da cultura como coisa "morta", escrava ou apenas testemunha do passado, mas, sim, a partir de uma visão dinâmica da cultura, de uma cultura "viva", libertadora.

Sabendo que o desenvolvimento é um processo global, econômico-social, político-institucional, Aloísio Magalhães considerava que o progresso brasileiro devia resultar da própria evolução da cultura do país. Devia, sim, nutrir-se do passado, porém avançando criativamente para um novo futuro, assim fortalecendo a identidade nacional. No seio dele poderia produzir-se uma síntese harmoniosa de nossa diversidade – de nossos contextos culturais específicos, até mesmo dos paradoxos de nossa cultura. Síntese de marca brasileira.

Em países pobres e novos como o Brasil, esses paradigmas peculiares, embora frágeis, resistiam, memória ainda viva, à ocidentalização, persistindo como autênticas vertentes de autenticidade. Elas constituíam seu patrimônio cultural identitário. Representavam possibilidade de afirmação brasileira em um mundo onde nenhuma forma de valorização econômica ou científico-tecnológica estava (não está ainda) efetivamente à disposição de todos.

O executar dessa idealização generosa e salvadora, Aloísio perseguia com afinco quando foi surpreendido pela morte. À frente da Secretaria de Cultura do MEC, Marcos Vilaça, com competência e brilho, deu-lhe continuidade, fiel a suas propostas.

A Constituição de 1988 incorporou o legado de Aloísio, embora de modo atropelado. Desde então, e mais agora, todo um robusto corpo de idéias e uma instigante práxis executiva foram sendo quase sempre transformados em atabalhoado discurso, o mais das vezes pragmaticamente vazio.

A maior homenagem a Aloísio Magalhães seria conceber, a partir de suas reflexões, tão atuais, uma nova política cultural para o país, nela inserida uma política de memória. Pois a força homogenizadora da globalização ameaça a identidade nacional, ainda em formação. Desafia a própria língua, veículo por excelência da construção social de uma realidade autenticamente brasileira.

Publicado no *Diario de Pernambuco*, 21 de novembro de 2002

O centenário de um vôo

TICO-TICO VOA? VOA, gritavam todos os meninos. Abelha voa? Voa! E homem, voa? Voa, ouvia-se, certeira mas desta vez sozinha, a voz do franzino Beto, feliz apesar de desaprovado em coro pelas demais crianças.

Alberto Santos-Dumont nasceu no sítio de Cabangu, nas proximidades de Palmira (hoje Santos Dumont), Minas Gerais, em 20 de julho de 1873. Seu pai, o engenheiro Henrique Dumont, filho de franceses e educado em Paris, logo se tornaria grande fazendeiro de café. Em seu livro *Dans l'air* (Paris, 1901), o jovem inventor relembra os papagaios, balões e aeroplanos de brinquedo que construía, extasiando-se ao contemplar sua "ascensão aos céus". Além dos engenhos mecânicos (locomóveis e locomotivas) por ele conduzidos pelas estradas de ferro da propriedade da família, em Ribeirão Preto.

Em sua primeira viagem à Europa (1891), Santos-Dumont conheceu o motor a petróleo ("Parei diante dele como que pregado pelo destino"), vendo na máquina a possibilidade de realizar as fantasias que lera em Jules Verne, por ele muito admirado. Decidiu então estudar engenharia mecânica em Paris.

Em 1898 voa no primeiro balão projetado por ele ("o menor, o mais lindo, o único que teve nome: Brasil"). Em 1901 contorna a

Torre Eiffel em seu grande balão motorizado, o *S=D* 6, feito que obteve grande notoriedade. E pilota, em 23 de outubro de 1906, nos arredores de Paris (Bagatelle), diante de fotógrafos e admirada multidão, o primeiro vôo mecânico homologado do mundo em aeronave mais pesada que o ar: o *14-bis*, invenção sua, que voou 60 metros, a dois-três metros do solo e durante sete segundos. "Um minuto memorável na história da navegação aérea", registrou a imprensa francesa.

Por que então os Estados Unidos comemoraram em 2003 o que pomposamente chamaram *The Centennial of Flight*: um controvertido vôo ocorrido em Kill Devil Hills, a Carolina do Norte (à época, obscuro quintal da história), em 17 de dezembro de 1903, de aeronave construída pelos irmãos Orville e Wilbur Wright? Eis polêmica intrigante e odiosa. Pois são muitas as especulações: o vôo teria sido impulsionado a catapulta; fora realizado por um simples planador (*glider*); não foi atestado por qualquer testemunha independente. E por que os Wright somente em 1908 realizaram demonstração documentada da proeza que alegam terem feito, às escondidas, em 1903?

Enquanto isso, Alberto Santos-Dumont prosseguia em seus experimentos, tendo desenhado e executado o projeto do que veio a ser o protótipo do avião moderno, o *Demoiselle*. Com tração dianteira (motor a explosão de 20 cavalos); hélice girando no bordo de ataque das duas altas asas; o piloto abaixo delas comandando volante controlador do sistema leme-estabilizador. O aparelho foi testado com êxito em novembro de 1907, tornando-se atração da Exposição Aeronáutica de Paris desse mesmo ano. Em 1909, estabelecia, com um novo modelo do *Demoiselle*, o recorde de velocidade, voando a 96 km/h. E protagonizava vôo de 18 km, considerado o primeiro reide da aviação.

Alberto Santos-Dumont nunca aceitou o fato de os aviões terem sido utilizados para fins bélicos já na Primeira Guerra Mundial, causando "mortandade terrível" (*O que eu vi, o que nós veremos*, São Paulo, 1918). Por ocasião da Revolução Constitucionalista de 1932, doente (sofria de esclerose múltipla e depressão crônica), ao ouvir o ronco dos aviões do governo destinados a bombardear São Paulo, lastimou: "Eu inventei a desgraça do mundo." Poucas horas depois, suicidava-se por enforcamento no hotel do Guarujá em que estava hospedado. Ele dera asas ao homem; não lhe mudara, porém, a natureza.

Publicado no *Jornal do Commercio*, sexta-feira, 7 de julho de 2006.

Sartre hoje

TÊM SIDO DURAS ALGUMAS das avaliações da obra de Jean-Paul Sartre (1905-1980) publicadas no Brasil neste ano em que se comemoram o centenário de seu nascimento e um quarto de século de sua morte. A mais recente delas, de Rinaldo Gaman (*Veja*, 14.9.2005, p. 124-5), afirma ter sobrado muito pouco do escritor francês: ele já foi enterrado como ideólogo, está superado como pensador, é anacronismo "que só uns poucos intelectuais brasileiros ainda sustentam".

A Europa em geral, a França em particular vêm sendo mais lenientes com quem muitos consideram um dos maiores intelectuais do século XX. Ainda agora, a exposição virtual *Sartre*, da Biblioteca Nacional (Paris), um dos ícones da cultura gaulesa, saúda-o como "exemplo único de um homem que construiu ao mesmo tempo uma grande obra literária e uma grande obra filosófica".

O pensamento de Sartre nutre-se de influências múltiplas e contraditórias. De Descartes (1596-1650), de quem herdou o subjetivismo contido no "penso, logo existo", além da visão pragmática do conhecimento. Da filosofia alemã: de Hegel (1770-1831), com a dialética; Marx (1818-1883), com a teoria da história; Husserl (1859-1938), com a fenomenologia; Heidegger (1889-1976), com a noção de *Dasein*, o ser-no-mundo. Sem esquecer Kierkegaard (1813-1855) e a angústia, Alain (1868-1951) e a liberdade.

O *opus magnum* filosófico de Sartre, *O ser e o nada* (1943), lança as bases de um existencialismo da ação e de humanismo radical. Para ele, a existência (o estar-num-mundo, que escapa a toda compreensão) precede a essência, pois não existe natureza humana predeterminada (nenhum deus a planejou). O homem em liberdade é o único responsável pelo que faz de si mesmo. Mediante escolhas livres, porém situadas socialmente (não há a liberdade de um só, mas as liberdades de todos), ele constrói a própria existência. A vida é um projeto: a consciência, que é intencionalidade (sem um propósito, ela é o nada), lança-se à frente para realizar o futuro. A angústia resultante decorre de seu imprevisível acontecer. Somente um firme compromisso com a história pode dar sentido à existência.

As suas obras de ficção mais relevantes são desdobramentos desse projeto filosófico. É polêmica sua distinção entre uma prosa "utilitária por essência", além de engajada ("a palavra é ação"), e uma poesia-arte (o domínio do "sentido", as palavras com todo poder). Mas ela é essencial à compreensão da literatura sartriana e da opção de escrever "para o seu tempo": "revelando" o absurdo do mundo, buscando paradoxalmente a salvação dos "outros", que são o inferno dele, Sartre (e de cada um de nós).

Dentre os romances e novelas, *A náusea* (1938) é a repugnância quase patológica experimentada por Antoine Roquentin ante a desrazão e a opacidade das coisas-em-si (a cidade, o jardim, a árvore, suas raízes). *O muro* (1939) é a situação-limite vivida por Pablo Ibietta que, torturado e preso, toma a decisão radical de resistir. A trilogia *Os caminhos da liberdade* (1945) enfrenta as questões da liberdade e do engajamento. No teatro, *Mortos sem sepultura* (1946) é o sacrifício pela liberdade; *Mãos sujas* (1948), a prática gratuita e sem convicção da política; *O diabo e o bom deus* (1951), o uso da violência necessária à transformação.

Sartre praticou a liberdade com lucidez e o engajamento político sem interesses menores. Já maduro, viveu contradições e equívocos. Cedeu ao modismo vigente quando se aproximou do Partido

Comunista francês. Chegou a apoiar o stalinismo e o maoísmo. A *crítica da razão dialética* (1960) é tentativa vã de compatibilizar seu existencialismo a um marxismo que ele considerou filosoficamente insuperável. Esses descaminhos, contudo, não devem servir para deslustrar sua rica produção intelectual anterior a 1950.

Publicado no *Jornal do Commercio*, quarta-feira, 12 de outubro de 2005.

CIDADES, REGIÕES, PAÍSES

Uma cidade densa

NA BÍBLIA, O GÊNESIS é o pórtico da História. Nele, o Primeiro Homem, ao provar da árvore do conhecimento, adquire os poderes de decidir o que é bom e o que é mau e de agir livremente. Punido com a morte, submete-se ao tempo. Mas desafia Deus ao renegar o estado de criatura e tornar-se o criador da própria História.

Não surpreende, portanto, que o Gênesis produza um terrível libelo contra as cidades: elas são as mais complexas criações humanas.

Deus agrada-se de Abel, pastor e nômade, e de suas oferendas, produtos do rebanho. Mas não se agrada de Caim, lavrador e sedentário, nem de suas oferendas, produtos do solo.

Abatido, revoltado, Caim lança-se sobre Abel e o mata. Maldito de Deus, ele se torna um fugitivo errante sobre a Terra. Nada mais colhendo do solo infértil, constrói uma cidade, a que dá o nome de Henoc, a iniciação. Vive sua história na cidade, o lugar onde a História se faz. Pois é nela que o homem se desentranha da natureza e se liberta da repetição e da rotina. Apossando-se do mundo pela aventura do conhecimento, ciência ou arte. Avançando, inovando a cultura.

Em vão Deus confundiu as línguas e dispersou por toda a Terra os construtores da cidade de Babel, impedindo que sua torre alcançasse os céus: na grande diáspora que se seguiu, os descendentes de Caim continuaram a plantar, mundo afora, inúmeras constelações de cidades.

Sedes por excelência da cultura, as cidades podem, sob esse prisma, ser ralas ou densas. Ralas são aquelas que, descuidadas das águas do tempo, deixam-nas escorrer pelos chãos duros, em fugazes torrentes. Densas são as cidades que as recolhem em terra umbrosa, impregnando-as dos sais e cheiros de sua identidade e embebendo-se de força criadora.

O Recife é, no Brasil, uma cidade culturalmente densa. Aqui aportaram priscas heranças, de variadas culturas. Um solo fértil as abrigou e fundiu, ao calor de muitas lutas. Por isso, é temerário atestar-lhe pouca idade. Seu passado pesa sem aprisionar. Enobrece o presente, inspira o futuro.

Relembre-se, a esse propósito, a inquietadora reflexão de Pascal, retomada por Hobbes e Bacon: se a velhice é a fase da vida mais distante do nascimento, aqueles a que chamamos antigos foram na verdade noviços em todas as coisas, pois viveram a infância do homem. Por termos acrescido ao conhecimento deles a experiência dos séculos, nós próprios, os chamados modernos, só encontramos no presente a antiguidade que enganosamente reverenciamos no passado.

A reversão pascaliana do tempo pode contrariar o senso comum. Mas se compraz a dois mitos de todas as gentes: os do Primeiro Homem e do Último Homem. Encarnando o princípio e o fim dos tempos, eles estão aquém e além da História: ela é construção social, pura contingência, por mais bela que seja sua arquitetura.

Pouco releva que os recifenses, vivendo um novo ou um velho mundo, sejam mais modernos ou mais antigos. Importa é o conteúdo pragmático dessa atualidade ou ancestralidade. O paradoxo de Pascal, malgrado desconcertante, reconhece o progresso, associado ao acúmulo social de conhecimento e experiência, ou seja, ao capital de cultura.

Somente o progresso, esse acelerador da História, pode traçar a evolução que torne mais auspiciosos os anos por vir.

Nas águas do tempo, o futuro será tanto melhor quanto mais o passado estiver sendo enriquecido.

Publicado no Diario de Pernambuco, domingo,
24 de agosto de 2003 (em "Carta ao Leitor", com foto do autor).

O Recife metrópole

A REGIÃO METROPOLITANA DO RECIFE impõe-se como a grande prioridade da recém-criada Secretaria de Desenvolvimento Urbano, confiada pelo governador Jarbas Vasconcelos ao experiente deputado Sérgio Guerra.

Na nova geografia urbana do país, São Paulo e Rio de Janeiro emergem como cidades mundiais (e deveriam integrar-se em "região urbana global" estruturada pelo macroeixo Rio–São Paulo, conforme se propõe em livro recente sobre o assunto editado pelo Ipea). Belo Horizonte, Porto Alegre, Salvador, Recife, Curitiba, Fortaleza e Belém despontam como metrópoles nacionais.

Essas aglomerações urbanas compõem, juntamente com Brasília, a rede de cidades com funções de comando, disseminação e controle do desenvolvimento do país e de sua inserção no processo de globalização. Elas são os núcleos densos de complexos "espaços de fluxos" (Castells), em que circulam pessoas, bens, serviços, capitais, informação, conhecimento, inovação, cultura, enfim, renda e riqueza. Rio–São Paulo e Brasília, de influência nacional, posicionam-se mais nitidamente nas redes de fluxos de dimensão planetária. As demais metrópoles inserem-se nas interfaces do nacional e regional, embora também participem dos fluxos globais. E articulam em seus espaços de referência mais imediatos sistemas subnacionais de cidades.

Para que possam melhor desempenhar tais funções, essas cidades devem ter, além de porte e dinamismo, um conjunto de outros atributos e requisitos. Entre eles, recursos humanos especializados, boa infra-estrutura básica e serviços urbanos eficientes, capazes de propiciar o desenvolvimento, em bases competitivas, dos complexos produtivos intensivos em conhecimento, industriais e de serviços, que vão consolidá-las como centros de produção e de transação de âmbitos global ou nacional. E também segurança pública, qualidade do meio ambiente e da paisagem, amenidades urbanas.

O Recife metropolitano, com 3,3 milhões de habitantes (2000) e PIB urbano da ordem de 14 bilhões de dólares (1998), tem porte para afirmar-se como metrópole nacional relevante no século XXI. Detendo 53% da população e 77% do PIB urbanos de Pernambuco, é cabeça grande em corpo magro. Sua influência, porém, ultrapassa os limites do estado.

A economia recifense cresceu bem menos do que a brasileira nos últimos 30 anos. Os serviços representam 73% do PIB, e a indústria, apenas 26%, cabendo reforçar a base industrial metropolitana mesmo que se reconheça saudável a vocação do município do Recife para pólo de serviços modernos. Tem capital humano de bom nível relativo, mas carece de infra-estrutura e serviços básicos, que se refletem na baixa fluidez dos transportes, em déficits de saneamento e habitação. E se concentra riqueza, também exibe muita pobreza e apresenta grave quadro de insegurança pública.

São esses alguns dos problemas que uma estratégia de desenvolvimento metropolitano, liderada pelo governo do estado, deve procurar equacionar. Afinal, o que for bom para o Grande Recife também haverá de ser bom para Pernambuco.

Publicado no *Diario de Pernambuco*, com o título "Recife metrópole", sexta-feira, 2 de março de 2001.

Domínios do Recife

Por séculos Olinda e o Recife lideraram no Nordeste a ocupação, a economia e o progresso da civilização, reinando sobre toda uma região, do São Francisco ao Maranhão. E comandaram, centro urbano, porto e empório comercial, uma importante empresa agroexportadora: num primeiro tempo, monopolizada pela cana-de-açúcar; e, mais tarde, quando o algodão foi ganhando relevo, fundada em economia binômica de especialização tropical.

Durante esse tempo e nesse vasto domínio, a influência de Olinda e do Recife apenas foi desafiada, a partir do Recôncavo Baiano, pelo ímpeto expansionista e povoador da opulenta Casa da Torre de Garcia d'Ávila, que se adentrou pelos sertões desde a Bahia até os confins do Piauí.

No último quartel do século XIX, as ferrovias e os melhoramentos dos portos menores dessa grande porção do Norte agrário começaram a minar essa hegemonia, com a emergência de centros comerciais de crescente peso, entre os quais foi sobressaindo Fortaleza. Tendência para a desconcentração que se acentuou, a partir dos anos 1930 (e, mais fortemente, da década de 1950), quando a capital cearense começou a ocupar comercialmente espaços que vinham sendo polarizados pelo Recife: no próprio Ceará, no Piauí e Rio Grande do Norte, principalmente.

Estudos ainda em elaboração para o Banco do Nordeste (que comemora este ano seu cinqüentenário) intentam delimitar as áreas de influência potencial das três metrópoles regionais do Nordeste, Salvador, Recife e Fortaleza, no final do século XX.

Em 1970, o Recife metropolitano detinha influência dominante sobre 24% do território do Nordeste, abarcando a totalidade de Pernambuco, Paraíba e Alagoas, parcelas do sul do Ceará, do Piauí e do Maranhão, quase todo o Rio Grande do Norte. Avançava na Bahia em Paulo Afonso. Nesse domínio recifense viviam 11,4 milhões de pessoas, 41% da população do Nordeste, e se gerava PIB de US$ 10,4 bilhões, 43% do nordestino. Salvador e Fortaleza influenciavam áreas maiores (40% e 36% do Nordeste, respectivamente), porém menos densas, demográfica e economicamente: a primeira com 8,2 milhões de habitantes e PIB de US$ 8,8 bilhões; e a segunda, com 8,4 milhões de habitantes e PIB de US$ 5,3 bilhões.

Em menos de três décadas, porém, a área sob domínio do Recife encolheu para menos da metade, equivalendo em 1998 a 11% do Nordeste. Deixou de ser relevante no sul do Maranhão, Piauí e Ceará. Recuou no Rio Grande do Norte e na Paraíba. E foi brechada no sertão de Pernambuco: em Petrolina por Salvador; em Araripina por Fortaleza. A população do domínio do Recife, de 14,5 milhões em 1998, decresceu para 32% da nordestina; e o PIB, de US$ 36,5 bilhões, recuou para 35% do regional. Nesse período, a área sob comando recifense foi também relativamente menos dinâmica (com recuo da indústria de transformação, mas forte expansão dos serviços, alguns deles intensivos em conhecimento), embora continue mais densa, tanto demográfica quanto economicamente.

O Recife desempenha em sua área de influência funções de comando, impulso e disseminação do desenvolvimento. O encolhimento da área sob influência metropolitana e sua baixa expansão demográfica (menos de 1% anuais, entre 1970 e 1998) impactaram menos a economia metropolitana porque o PIB e a renda per capita evoluíram satisfatoriamente e houve grande aumento da densidade demográfica e econômica.

Nas relações de mútua dependência que se estabelecem entre um grande centro urbano e seu espaço de influência, o progresso em geral depende menos da dimensão territorial ou demográfica do que do volume da produção, consumo e comércio neles gerado. O domínio do Recife, além de ter dimensão econômica, é desconcentrado espacialmente, com a região metropolitana detendo apenas 1/3 do PIB.

Outros recursos podem tornar-se alavancas de progresso: a infra-estrutura de transportes, a rede de cidades, a qualidade dos recursos humanos, a capacidade científico-tecnológica, além de fatores de natureza política, administrativa e cultural. Nesses aspectos, o Recife exibe vantagens potenciais significativas.

Mas é preciso transformar esse patrimônio em ações efetivas, orientadas por visão geoestratégica do desenvolvimento. Pois vivem em engano os que pensam que a geopolítica foi soterrada nos escombros da última Grande Guerra.

Ela continua mais viva que nunca.

Publicado no *Diario de Pernambuco*, quinta-feira, 11 de abril de 2002 (com ilustração de Mascaro).

Buenos Aires, capital da cultura

AS METRÓPOLES SÃO AS MAIS complexas criações humanas. Elas comandam a cultura, comunicando, cada uma a seu modo, suas variadas manifestações – inclusive aquelas que, lhes sendo peculiares, exprimem assim mesmo verdade e beleza universais. E patrocinam a marcha da civilização: disseminando os progressos todos da ciência e da técnica, compartilhados por um mundo cada vez mais padronizado. Nessa tensão entre a cultura que singulariza e a civilização que iguala é que se forjam suas identidades e se desenvolvem os diferenciados atributos metropolitanos.

Buenos Aires foi por quase um século a maior cidade do Hemisfério Sul. Ela abriga um terço da população da Argentina e gera a metade de seu PIB. É uma cabeça de Golias, disse em 1940 o poeta e sociólogo desse país, Ezequiel M. Estrada – ressaltando a desproporção entre a metrópole portenha e o restante do país (um corpo de Davi). A capital de um império que nunca existiu, diria anos depois, entre intrigado e irônico, o escritor André Malraux, ministro da Cultura de Charles de Gaulle.

Vivendo desde a década de 1950 em estado crônico de instabilidade política e anemia econômica, suplantada demográfica e industrialmente por São Paulo, mesmo assim Buenos Aires continuou sendo, até o final do século passado, o mais importante pólo cultural hemisférico. Muitos acharam que ela vergaria sob o peso da grave crise que então se abateu sobre as finanças nacionais, acarretando redução anual de 11% no PIB em 2001-2002, elevado desemprego, grande aumento da miséria.

Contudo, qual fênix moderna, Buenos Aires vem renascendo rapidamente dessas várias cinzas. Motiva, nesta primavera de 2004, vigorosa onda de turismo, inclusive brasileiro. E reafirma nas artes os méritos e excelências de capital cultural da América Latina.

Em Buenos Aires, onde tudo é obra humana, a natureza só emerge – contida, bem cuidada – nos magníficos jardins. Localizada na grande planície, a cidade deu as costas ao rio da Prata já no último quartel do século XIX. Seu traçado retilíneo favorece as grandes perspectivas, valorizadas por arquitetura expressiva, influenciada inicialmente por Madri (no centro, em particular na avenida de Mayo), depois por Paris (na Recoleta dos melhores hotéis e lojas, contígua ao cemitério de mesmo nome).

Importam muito para a grande cidade a qualidade dos recursos humanos; a abundância e diversidade dos equipamentos urbanos, sobretudo os culturais; a intensa, agitada vida de metrópole. Dois museus impressionam: o Nacional de Belas Artes, com rico acervo de pintura e escultura européias; e o de Arte Decorativa, que ocupa o Palácio Errázuriz, exemplo do ecletismo francês difundido em Buenos Aires no início do século XX. Esse museu abriga atualmente duas boas exposições: uma de bronzes arcaicos da China, outra de prataria italiana contemporânea.

O Teatro Colón continua a mais respeitada casa de ópera, música e balé da América Latina, com programação anual de mais de 200 espetáculos. Uma segunda sala dedicada à ópera, o Teatro Avenida, abriga o repertório da Lírica de Buenos Aires, menor mas de elevado nível artístico.

O mercado de antiguidades é importante, concentrando-se em San Telmo, sendo estimulado por grande evento anual: a Exposição Internacional de Arte e Antiguidades, este ano em sua quinta edição.

Impressionam a diversidade dos centros culturais e o número de espaços de comércio vocacionados à cultura. Eles dispõem comumente de livrarias, galerias de arte, cinemas (muitos deles exibem a produção argentina, atualmente em boa fase), além de restaurantes.

Pena que Buenos Aires, tão próxima de São Paulo, do Rio e de Brasília (sem falar no Sul do Brasil), esteja bem mais longe do Recife. Mesmo assim, vale a viagem. Há muito que ver e fazer. Com o euro nas alturas, a Europa, mais distante, está também muito mais cara.

Publicado no *Jornal do Commercio*, sábado,
4 de dezembro de 2004.

A Amazônia do Norte

OS BRASILEIROS – E NÃO SOMENTE os governos – têm o patriótico dever de olhar com carinho e pensar estrategicamente a Amazônia Setentrional, essa imensa porção do Brasil ao norte dos rios Solimões e Amazonas que é do tamanho de todo o Nordeste.

Ali, a floresta ainda domina a paisagem, camuflando as ondulações da terra firme e assombrando as várzeas alagadiças. Mas não encobre o excesso das águas dos grandes rios, que comandam a vida.

Ao contrário da Amazônia Setentrional, conquistada por ocupação descuidada que avançou do Centro-Oeste em movimentos de pinça, a Calha Norte persiste um grande espaço de reserva, ferido apenas, ao meio, por novo eixo de penetração: a BR-174, que de Manaus demanda as terras altas de Roraima e a Venezuela. Ela é para os manauaras a saída para o Caribe.

O olhar dirigido àquelas terras e seu labirinto de rios não deve ser nem flibusteiro, nem contemplativo. Ninguém defende seja a dilapidação do patrimônio natural amazônico, seja sua preservação em santuário. Nem quer seja exterminar raças e corromper culturas, seja mantê-las em total isolamento. Essas são alternativas radicais e insensatas.

Um pensar estratégico refletido reconhece que as intervenções naquele Brasil quase virgem e com mais de sete mil quilômetros de fronteiras devem ser zelosas e prudentes.

Duas outras fronteiras, a do conhecimento e a dos recursos naturais, podem encontrar-se para encetar ali decisões e ações de ocupação humana que conciliem uso e conservação da natureza, produzindo relacionamento com suas gentes autóctones que lhes seja benéfico e preserve suas heranças.

Se os saberes sobre a Amazônia progrediram bastante no século XX, ainda se sabe tanto dela quanto se ignora. É preciso cautela para que não se rompam e feneçam, em imensurável perda, seus complexos ciclos de vida.

A Amazônia do Norte, com 2,7 milhões de habitantes, tem dois habitantes por quilômetro quadrado. Excluído o município de Manaus, com quase metade da população, há um habitante por quilômetro quadrado. Fronteiras vivas, só em alguns lugares esparsos, isolados por léguas e léguas despovoadas. Se com Manaus a renda per capita regional se aproxima da nacional, sem Manaus ela é do nível da nordestina e a metade da brasileira.

O velho extrativismo, embora ambientalmente sustentável, é insuficiente para assegurar a subsistência. Em parte por isso, houve grandes migrações para as cidades, onde a incidência de pobreza já é mais elevada que a do Nordeste urbano.

Cabe propor para a Amazônia Setentrional estratégia de ocupação demográfica e econômica seletiva, pontual, descontínua. Ela deve ser capaz de elevar os níveis de vida de seu povo: os caboclos; os descendentes de nordestinos que para lá foram no apogeu da borracha; os indígenas; os novos migrantes que buscam melhores dias naquele mundo anfíbio. E de conciliar o desenvolvimento humano e a conservação da natureza, preservando em mãos brasileiras reserva de recursos que só a ciência irá valorizando.

Publicado no *Diario de Pernambuco*, quinta-feira,
1º de fevereiro de 2001.

Os vários Nordestes

A PALAVRA NORDESTE, observa Gilberto Freyre (*Nordeste*, 1937), "quase não sugere senão as secas", os sertões, que são "apenas um lado do Nordeste". Mais velho que eles é o Nordeste "da terra gorda e de ar oleoso", o Nordeste da cana-de-açúcar. "Aliás", arremata Gilberto, "há mais de dois Nordestes e não um, muito menos o Norte maciço e único de que se fala tanto no Sul com exagero de simplificação".

Evaldo Cabral de Mello (em O *Norte agrário e o Império*, 1984) nota que, durante o Império (1822-1889) e grande parte da República Velha (1889-1930), "a geografia regional parecia bem simples: havia as províncias, depois estados, do norte, do Amazonas à Bahia, e as províncias, depois estados, do sul, do Espírito Santo ao Rio Grande. Nada de nordeste, nem de sudeste, nem de centro-oeste." Muito menos de Amazônia.

A percepção do "Nordeste" somente começou a configurar-se com as grandes secas de fins do século XIX e inícios do XX e a criação, em 1906, do organismo destinado a combater seus efeitos, a Inspetoria de Obras contra as Secas, Iocs. E também com a delimitação, em 1936, do Polígono das Secas. Mas, mesmo nos documentos relativos a essas iniciativas, sequer o vocábulo Nordeste é mencionado. Diferentemente do que ocorreu, em 1952, com a criação do Banco do Nordeste do Brasil e, em 1959, com a Superintendência do Desenvolvimento do Nordeste, Sudene.

Foi somente em 1938 que o Conselho Nacional de Estatística adotou divisão regional do país em cinco regiões. Entre elas, um Nordeste integrado pelos estados do Ceará, Rio Grande do Norte, Paraíba, Pernambuco e Alagoas: o Nordeste mais nordeste. Em 1942, o IBGE definiu a primeira regionalização oficial do país, com outro Nordeste, formado pelos Nordestes Ocidental (Maranhão e Piauí) e Oriental (do Ceará a Alagoas). Sergipe e Bahia somente integram um outro Nordeste maior em fins dos anos 1960, com as "grandes regiões" Norte, Nordeste, Sudeste, Sul e Centro-Oeste. Este novo Nordeste, integrado por nove estados, do Maranhão à Bahia, ainda se reconhece hoje. Há fundamentos nesse reconhecimento: geográficos, históricos, culturais.

Um grande bolsão semi-árido cobre seu interior. Ele confronta ao norte o rio Parnaíba, de onde o Maranhão vai se configurando área tensionada entre os trópicos seco e úmido. Ao poente, contornam-no os cerrados, que transacionam com a Amazônia e o Centro-Oeste. E dá-se, ao nascente, a lenta transição do semi-árido para a mata subúmida e o litoral atlântico envolvente.

Gloriosas lutas, vencidas principalmente pelos habitantes da terra, reconquistaram, no século XVII, um Nordeste então ocupado, do Maranhão ao São Francisco, pelos holandeses. Forjando aguçado nativismo, cimentando muitas identidades. Uma economia formada por complexo agrário-comercial dual, baseado na cana-de-açúcar e no algodão, estendeu-se por séculos do Maranhão à Bahia, gerando, até fins do século XIX, grande parcela da riqueza nacional.

Países e regiões só se afirmam como tais quando são categorias ideativas, de fundas raízes culturais. Quando são representações mentais da sociedade, referências simbólicas, muitas vezes com maior carga de sentimento que de razão. Ser brasileiro ou nordestino equivale a compartilhar uma construção do espírito, uma forma de mentalizar uma mesma realidade vivida. Sem essa construção social e psíquica da realidade, um país, uma região são meros territórios. Não pertencem à esfera da sociedade. As pessoas não se sentem pertencendo a eles. Eles não são um bem cultural individualizado.

Publicado no Diario de Pernambuco, sexta-feira, 13 de setembro de 2002.

Portugal, progresso e riscos

SALTA AOS OLHOS A GRANDE fase de progresso por que Portugal vem passando desde sua adesão, em 1986, à União Européia (UE). Em pouco mais de uma década, aquele pequeno, valente país (92 mil km², população de 10 milhões, PIB de 110 bilhões de dólares), conseguiu elevar renda per capita de 60% para 75% da média européia e reduzir a inflação de 13% para 2,5% ao ano. Convergiu, portanto, nesses como noutros indicadores macroeconômicos (emprego, formação de capital), em direção aos padrões alcançados pelos países mais avançados do continente.

Foram feitos na década passada (a de 1990) importantes investimentos em infra-estrutura econômica: de transportes, principalmente rodovias, de energia, comunicações; em desenvolvimento urbano e social: na ampliação e modernização do metrô de Lisboa e o início das obras do que servirá ao Porto, em educação, saúde, saneamento. Graças a fácil acesso a capitais da UE, duas dezenas de grupos empresariais lusos ganharam dimensão global, com presença na Europa, inclusive do Leste, e na América Latina (cerca de US$ 2,4 bilhões foram por eles aplicados no Brasil até recentemente: meados de 2001).

Ainda agora Portugal é um grande canteiro de obras, desconforto sofrido, com resignação alimentada de esperança, pela população, embora acremente reclamado pelos muitos turistas que visitam Lisboa, o Porto, as menores cidades, o interior do país.

Nessa moldura de rápida transformação nacional, ressaltam as iniciativas nas áreas da cultura e de estímulo ao turismo, como a Exposição Mundial de Lisboa (1998), as comemorações dos descobrimentos portugueses (à frente delas o historiador Joaquim Romero Magalhães, seu grande idealizador e empresário). E também o fato de Lisboa ter sido, há alguns anos, Capital Européia da Cultura, honra concedida, em 2001, à cidade do Porto. Com os museus renovados; movimento editorial de qualidade; excelentes bibliotecas e livrarias; intensa programação de exposições de arte; espetáculos nacionais e internacionais, música, ópera, teatro, cinema; manifestações folclóricas (como os festejos de Santo Antônio em Lisboa e de São João no Porto e no Minho), Portugal é uma só festa neste junho de 2001.

O país, porém, padece dificuldades na condução de seu desenvolvimento. Persiste o desequilíbrio na balança comercial malgrado o expressivo desempenho das exportações. São elevados os endividamentos do governo, das empresas e das famílias. O déficit público cresceu a ponto de impor recente ajuste fiscal, via contenção de gastos consubstanciada no chamado "orçamento rectificativo". A inflação ameaça chegar aos 4% anuais, desafiando compromisso com a estabilidade embutido na adesão ao euro, moeda que passará a circular no início de 2002.

É quase certo que Portugal crescerá neste ano menos do que a União Européia. Parece provável que a trajetória de convergência acordada em Maastricht seja sustada apenas em curto período, pois esses problemas estão sendo vistos como conjunturais. Mas respeitados economistas, entre eles o vice-reitor da Universidade Técnica de Lisboa, António Romão, consideram que seu encaminhamento deve exigir mais empenho e firmeza do governo e sacrifícios da sociedade.

Publicado no *Diario de Pernambuco*, quinta-feira,
28 de junho de 2001 (com ilustração de B.).

O futuro de Pernambuco

ECONOMIA DE PERNAMBUCO: *uma contribuição para o futuro*: este é o título de projeto lançado há alguns dias pelo governador Jarbas Vasconcelos. Coordenado pelo secretário de Planejamento, Raul Henry, o seu produto será documento contendo uma estratégia de desenvolvimento de longo prazo que motive e oriente as decisões públicas e privadas capazes de propiciar um futuro melhor para o estado. A nata dos economistas e outros cientistas sociais da terra, sob a regência de Gustavo Maia Gomes, está sendo convocada a debruçar-se sobre a questão. Empresários, altos executivos, parlamentares, formadores de opinião e outras personalidades vão ser permanentemente consultados: em busca das convergências e consensos imprescindíveis à relevância da proposta estratégica.

É bem-vinda a iniciativa. Nas últimas três décadas do século XX, a economia de Pernambuco cresceu menos do que a brasileira; menos ainda que a nordestina. Careceu, durante quase todos esses anos, de direcionamento estratégico explícito, tendo navegando sem instrumentos, em vôos virtualmente cegos, erráticos, vôos quase sempre baixos. Contudo, em 1999-2002, o PIB do estado cresceu anualmente a 3,6%: mais do que o Brasil (2,7%) e o Nordeste (3%). Foi uma resposta aos importantes investimentos públicos em infra-estrutura (transportes principalmente, os mais vistosos deles sendo a BR-232, no trecho

Recife–Caruaru, Suape e o aeroporto internacional), liderados pelo governo do estado. Eles elevaram a competitividade da economia, fortalecendo seu poder de atrair empreendimentos privados.

Somente um vigoroso núcleo de investimentos, públicos e privados, tanto em capital social básico quanto em atividades diretamente produtivas, poderá consolidar essa significativa mudança de tendência. Investimentos suficientes para (1) complementar a infraestrutura; (2) capacitar os recursos humanos; (3) energizar a produção e o consumo; (4) ampliar os mercados externos; (5) mudar a sociedade, assim assegurando crescimento, progresso, bem-estar mais bem compartilhado.

Um conjunto de opções estratégicas básicas, decorrentes do que acima foi sintetizado, inclui: (1) opção pela competitividade sistêmica, envolvendo os transportes, energia, comunicações, serviços urbanos e a proteção ambiental; (2) opção pela formação de capital humano, traduzida em economia e sociedade baseadas no conhecimento e na inovação; (3) opção por processo continuado de ampliação e modernização produtivas e de expansão do consumo interno; (4) opção por inserção dinâmica da economia estadual nos mercados regional, nacional e global, através de grande aumento das exportações; e (5) opção por processo de transformação social (menos pobreza e desigualdades e mais segurança individual e coletiva).

Com uma visão razoavelmente consensual do futuro que incorpore objetivos-fins, será mais fácil legitimar essas ou outras opções estratégicas. Mais tarde, no tempo da execução, ter-se-á guia confiável para as ações de desenvolvimento e a resolução de conflitos.

Essa concepção compartilhada do futuro terá também o poder de fazer convergirem as forças econômicas, os anseios sociais, as motivações políticas em direção a resultados. Cabendo referir que os objetivos-fins de uma estratégia devem ser resultantes de decisões políticas e não estratégicas, pois eles dizem respeito aos destinos das sociedades.

Publicado no *Jornal do Commercio*, 23 de dezembro de 2004.

O Brasil do Hemisfério Norte

NA SEMANA PASSADA, cerca de 20 congressistas brasileiros, entre eles os senadores Pedro Simon e Romeu Tuma, participaram, em Boa Vista, a convite do ministro da Defesa, Geraldo Quintão, de seminário sobre o Programa Calha Norte.

No encontro, foi apresentada estratégia de desenvolvimento sustentável para a Amazônia Setentrional (desdobrada em planos regionais e locais) e foram avaliadas as realizações daquele programa, ou por ele apoiadas: no que respeita à segurança do território nacional; à promoção econômico-social nos níveis estadual e municipal; à assistência e proteção das comunidades indígenas; à preservação e conservação dos recursos naturais. Seguiram-se visitas de inspeção a projetos específicos, nas fronteiras com a Venezuela e a Guiana.

Quase todo o território de Roraima (224 mil km², 324,1 mil habitantes, PIB de 1,1 bilhão de dólares) situa-se acima do equador, avançando além dos cinco graus de latitude norte. O município da capital, Boa Vista (com 62% da população e 82% do PIB do estado), abriga a maior cidade brasileira do Hemisfério Norte (197 mil habitantes e PIB de 800 milhões de dólares).

Foi graças à visão geoestratégica de Portugal que Roraima foi conquistada para o Brasil. O rio Branco, que banha Boa Vista, já vinha sendo explorado desde 1718 por portugueses e brasileiros. Em meados desse século, porém, espanhóis, ingleses e holandeses penetraram seu vale, provenientes da Venezuela, da Guiana Inglesa e do Suriname. Foram expulsos por determinação de dom João V. Em 1775, o marquês de Pombal mandou erguer, ao norte de Boa Vista, o forte São Joaquim, marco da presença brasileira na região.

A questão das fronteiras arrastou-se até 1904, quando os limites com a Guiana Inglesa foram arbitrados pelo rei da Itália, tendo Joaquim Nabuco como negociador pelo Brasil. A Inglaterra acabou sendo injustamente favorecida no laudo de Vitorio Emmanuele III, mas, graças a marcas incontestáveis da presença portuguesa naquelas plagas, o Brasil ainda assegurou boa parte das terras ambicionadas pelos anglo-saxões.

Roraima apresenta grande variedade de paisagens, dominadas ora pela floresta tropical úmida; ora por cerrados; ora por vastas savanas, chamadas lavrados.

Na segunda metade do século XX, a região teve grande surto de progresso, lastreado na pecuária extensiva, que definhou ante a interdição de mais de metade de seu território por parques e florestas nacionais e, principalmente, por terras indígenas.

Mais recentemente, o motor da economia foi desordenada e predatória expansão do garimpo do ouro, desbaratado no início dos anos 1990 pelo Governo Federal.

A despeito disso, o estado apresenta hoje grandes potencialidades de progresso. Venceu dois dos principais obstáculos ao desenvolvimento. O primeiro deles eram as dificuldades de acesso, superadas com a pavimentação da BR-174 (Manaus–Boa Vista–Fronteira com a Venezuela), seu grande eixo de integração e inserção econômica. O segundo, a escassez de energia, será resolvido com a importação de hidreletricidade da Venezuela já a partir de agosto deste ano de 2001 (230 Mw, mais do dobro das atuais necessidades).

Nos lavrados, prospera o cultivo da soja e do milho, em condições muito mais vantajosas do que nos cerrados do Centro-Oeste. Nas áreas de colonização dirigida despontam vocações para a pecuária intensiva e a fruticultura. Nos dois casos, há cerca de três milhões de hectares disponíveis, sem necessidade de desmatamento.

Muitos defendem a utilização sustentável da floresta, em especial o aproveitamento da biodiversidade, bem como a exploração, em bases empresariais modernas, de grandes riquezas minerais (ouro, diamantes e outras gemas, cassiterita, nióbio, dentre outras).

Publicado no *Diario de Pernambuco*, quinta-feira, 12 de junho de 2001.

Viabilidade de Suape

O PORTO DE SUAPE, a mais importante iniciativa pelo desenvolvimento de Pernambuco do último quartel do século XX, terá algum dia sua história. Honesta, fiel, precisa que seja, ela será apenas narrativa. Não vai reproduzir os fatos. Será sempre (como a rápida notícia que se segue) uma versão sobre alguns deles, um modo peculiar de lê-los, interpretá-los.

A idéia de um novo porto para Pernambuco já vinha motivando os governadores do estado desde os anos 1960. Nilo Coelho, num dos lautos cafés da manhã do Palácio (para os quais vez ou outra me convidava), manifestou seu entusiasmo pela proposta: o porto descongestionaria o Recife, poderia ser em Igarassu–Itamaracá, Pontas de Pedra, Suape, quem sabe?

Partiu, porém, de seu sucessor, Eraldo Gueiros, por sugestão de Arnaldo Barbalho e Paulo Gustavo da Cunha, a iniciativa, que constou de seu programa de governo (elaborado em 1970 pelo Condepe, então sob minha gestão), de examinar a viabilidade do empreendimento. O Plano Diretor do Complexo Industrial-Portuário de Suape (1974) resultou dessa decisão. O apoio do Governo Federal ao projeto – malvisto pelo Ministério dos Transportes, que defendia a ampliação, inviável, do porto do Recife – arrastou-se por três anos. Foi facilitada por sua inclusão no II Plano Nacional de Desenvolvimento (1975-1979), sugestão do Ipea, encaminhada por mim ao ministro do Planejamento, Reis Velloso, que concebeu e elaborou o II PND. E também pela criação (1976) do grupo de trabalho interministerial (coordenado pelo Ipea e com a participação da Portobras e do Geipot, entidades-chave do Ministério dos Transportes) que examinou e aprovou o Plano Diretor. A atuação, no grupo, de Luiz Siqueira, representando o governo de Pernambuco e incansável na defesa de Suape, foi fundamental.

Coube ao presidente Ernesto Geisel a decisão, em outubro de 1977, de considerar prioridade nacional o Complexo Industrial-Portuário de Suape e destinar-lhe recursos de vulto (cerca de US$ 150 milhões, 15% dos investimentos previstos). Geisel estivera no Recife em agosto de 1976. Ouvira, no Palácio das Princesas – presentes o governador Moura Cavalcanti e os ministros do Planejamento e dos Transportes e secretários do estado (entre eles Gustavo Krause, da Fazenda) –, breve exposição minha sobre a iniciativa (intitulada *Viabilidade de Suape*). Percebeu o alcance do projeto e, embora tenha ressalvado ser o empreendimento de longa maturação, devendo transcender, e muito, seu mandato, não hesitou em aprová-lo.

Suape é hoje (2001) bem-vinda realidade. Sua lenta execução enfrentou muitos obstáculos, sofreu várias adaptações. Não é o porto escavado imaginado em 1974. Em seu molhe, concebido para proteger a entrada do porto, aberta nos arrecifes, foram construídas instalações de acostagem externas, em forma de píeres, que anteciparam o início de operações portuárias, essencialmente receptivas. A primeira etapa do porto interno só foi concluída em fins de 1999.

A nova logística de transporte marítimo transcontinental abriu-lhe amplo horizonte: o de porto concentrador-redistribuidor de contêineres desembarcados de navios de grande porte (um *hub port*). No ano passado, movimentou quatro milhões de toneladas (granéis líquidos principalmente, além de 650 mil de toneladas de cargas em contêineres).

Suape está servindo a Pernambuco. Servirá muito mais quando somar a essa nova vocação seu original e nobre destino industrial-exportador.

Publicado no *Diario de Pernambuco*, quinta-feira,
4 de outubro de 2001.

Atração de investimentos

NA ÚLTIMA REUNIÃO DO CONSELHO do Pacto 21 (de 2003), ficou evidente a prioridade que vem e continuará sendo conferida pelo governador Jarbas Vasconcelos à atração de investimentos.

Na virada do século (2000), Pernambuco abrigava 4,7% da população do país, mas gerava apenas 2,7% do PIB. Seu PIB per capita equivalia a 57% do nacional. O estado precisa reforçar a base econômica e ampliar as opções de mercado para poder crescer mais e reduzir esse hiato de desenvolvimento *vis-à-vis* o restante do Brasil. Para tanto, são necessários vultosos investimentos em atividades diretamente produtivas: sobretudo na indústria, com vistas a atenuar a tendência das últimas décadas para hipertrofia dos serviços na formação do produto estadual.

Tais empreendimentos precisam ser competitivos. Voltando-se ao atendimento da demanda interna, inclusive mediante substituição de importações. Mas também à expansão das exportações, propiciadora de inserção mais ativa da economia pernambucana nos mercados regional, nacional e global. Eles dependerão de aportes de capitais de risco e financiamentos, provenientes seja do restante do Brasil, seja do exterior.

A atração de investimentos não é tarefa fácil. Nos casos do Nordeste e de Pernambuco, ela se complica no mesmo passo que o compromisso do governo Lula de resgatar a Sudene, extinta por ato insólito do governo anterior, esfuma-se nas brumas da incerteza. A recente decisão presidencial de sonegar-lhe os recursos do Fundo de Desenvolvimento Regional, destinando-os aos estados e para obras de infra-estrutura, pode ser a pá de cal na promessa.

Nos anos 1960 e 1970, uma Sudene forte comandou vigorosos incentivos fiscais e financeiros. Eles geraram influxo de poupança que foi alavanca de muitos empreendimentos produtivos no Nordeste e em Pernambuco. Pouca serventia terá uma Sudene desprovida de poder e de meios. A guerra fiscal, que se anuncia proscrita, nunca foi estratégia que Pernambuco tenha empregado sem ressalvas: por julgá-la autofágica; e por reconhecer que, levada ao extremo, ela acaba não fazendo diferença do ponto de vista locacional.

Na exposição que fez aos membros do Pacto 21, o secretário de Desenvolvimento, Alexandre Valença, alinhou as vantagens de Pernambuco no que respeita à atração de novos investimentos, entre elas, a centralidade da localização do estado no ecúmeno nordestino; a infra-estrutura disponível, com destaque para o porto de Suape; a qualidade dos recursos humanos; e o pólo de serviços modernos do Recife (metrópole, acrescente-se, com influência dominante sobre região que se estende por quatro estados e representa 32% da população e 36% do PIB do Nordeste).

Para ser eficazes, as estratégias de atração de investimentos devem ter focos setoriais e espaciais precisos, além de atentarem para os fatores que comandam as decisões empresariais sobre em quê, onde, quando e quanto investir. São imprescindíveis projetos específicos de atração de novas iniciativas produtivas, complementados por esquemas alternativos de financiamento e, não menos importantes, por propostas negociais bem concebidas, inclusive com identificação das parcerias possíveis.

A tarefa de buscar novos investimentos pode ser vista, por um lado, como um caso de marketing de produto (o produto, no caso, é Pernambuco, sua imagem, as vantagens locacionais atuais, as potencialidades de desenvolvimento). Por outro lado, é diante de oportunidades concretas e factíveis de negócios que as decisões de investir e produzir são tomadas e efetivamente implementadas.

Publicado no *Diario de Pernambuco*, terça-feira, 18 de novembro de 2003.

Relações Internacionais

A globalização segundo Gilpin

ROBERT GILPIN, PROFESSOR emérito da Universidade de Princeton, Estados Unidos, é um dos mais respeitados especialistas contemporâneos em política e economia internacional. Seu livro *A economia política das relações internacionais* (*The political economy of internacional relations*, Nova Jersey, Princeton, 1987) é referência obrigatória para os que se interessam pela economia, política, diplomacia, história. Ele combina esses muitos saberes ao examinar o desintegrar-se do sistema de liberalização comercial, moedas estáveis e crescente interdependência econômica nascido na Conferência de Bretton Woods (1944). E ao identificar nos rumos tomados pela política econômica internacional dos anos 1980 a emergência da globalização, comandada por forças do mercado, então realidade ainda volátil e de configurações flutuantes.

Em 1992, no Brasil, Gilpin considerou serem muito poucas as chances dos países em desenvolvimento se inserirem de forma autônoma e exitosa nesse mercado mundializado. E chegou a prever que suas economias se atrasariam dramaticamente, um novo colonialismo podendo vir a subjugá-las. ("A nova ordem política e econômica mundial", em *A nova ordem mundial em questão*,

J. P. dos Reis Velloso e L. Martins, coords., Rio de Janeiro, José Olympio, 1992, p. 145-60).

Em sua obra mais recente, *Economia política global: compreendendo a ordem econômica internacional* (*Global political economy: understanding the international economic order*, Nova Jersey, Princeton, 2001), Robert Gilpin humildemente reconhece que subestimou, naquelas análises (sobretudo em sua obra clássica, de 1987), o papel dos Estados nacionais como forças, tanto políticas quanto econômicas, capazes de influenciar a nova ordem econômica global. "Este livro", escreve Gilpin, "tenta superar essas desafortunadas fraquezas: através da atenção dedicada ao que chamo 'sistemas nacionais de economia política' e a sua importância seja para as questões internas, seja para as internacionais."

Segundo Gilpin, embora a globalização se tenha tornado a característica dominante da economia internacional no início do presente século, sua extensão e relevância vêm sendo grandemente exageradas e mal compreendidas. Este ainda é um mundo onde as políticas e economias nacionais são as determinantes principais das questões econômicas.

Para que a economia global adquira capacidade de governança, é indispensável, primeiro, a cooperação dos Estados nacionais, a começar pelos mais influentes dentre eles (os Estados Unidos, a Alemanha, o Japão); e segundo, que se chegue a um consenso, ainda distante, sobre a resposta à seguinte pergunta: governança para quê? Para simplesmente assegurar as regras do livre mercado e os princípios da economia neoclássica, cujo propósito último é a maximização das escolhas dos consumidores e da riqueza global? Ou para garantir uma mais justa distribuição dos benefícios da globalização entre países, regiões e pessoas?

Diante desse dilema, Robert Gilpin pensa que o melhor a fazer é esperar das maiores potências, em seu próprio interesse e também no interesse geral, que cooperem para desenhar uma ordem política e econômica internacional mais estável e humana.

Esse apelo, de quem se vê filosófica e analiticamente um realista, longe de ser concessão ao idealismo, é tido requisito da própria viabilidade de uma nova, mais efetiva e estável ordem mundial.

Publicado no Diario de Pernambuco, quinta-feira, 20 de dezembro de 2001.

Pensar a paz: América

TRANSFORMADOS EM ARMAS, aviões civis, tripulantes e passageiros indefesos foram calculadamente arremessados sobre Nova York e Washington, D.C.: contra dois alvos-símbolos dos poderes econômico-financeiro e estratégico-militar dos Estados Unidos. Na maior e mais ousada ação terrorista da história, fanaticamente suicida, de frieza e crueldade extremas, macabra em morticínio, espantosa em destruição.

O mundo estupefacto e incrédulo assistiu a quase tudo, ao vivo, pela televisão.

Retaliar tamanha barbárie, punindo seus autores, mandantes, cúmplices, provados ou prováveis (porque contumazes), é inevitável. Pode inclusive ajudar a recompor as mentes devastadas, sarar os corações feridos, retemperar o orgulho de um grande país, reafirmar os valores da Humanidade.

A América, ainda a desentranhar dos escombros as vítimas, declarou-se em guerra. Mobiliza-se contra inimigos difusos, solertes. Capazes de transpor suas múltiplas defesas, hospedar-se em seu corpo social e, ignorando poderosa máquina de guerra, atacá-la com artefatos seqüestrados à paz.

No tumulto ainda esfumaçado e poeirento do pensar que se seguiu à tragédia, muita estultícia tem sido veiculada pela mídia internacional e brasileira. Confundem-se etnias, religiões, seitas. Chama-se de "fundamentalismo islâmico" fenômeno que manifesta violento fanatismo, antípoda ao fundamentalismo protestante norte-americano de inícios do século passado. E fala-se em "choque de civilizações" (entre cristãos e muçulmanos, Ocidente e Oriente), inadvertidamente promovendo a civilizado o mais brutal e desalmado terrorismo.

Karl von Clausewitz (1780-1831), no clássico *Vom Kriege* (*Da guerra*), de 1833, ao escrever que "a guerra é a continuação da política com o emprego de outros meios", não quis dizer que a força armada é um instrumento à disposição dos políticos. Ele distinguiu os "objetivos na guerra" (*Ziel*, meta), suas estratégias e táticas, que são militares, dos "fins da guerra" (*Zweck*, finalidade), seus objetivos últimos, que são políticos. E Raymond Aron (1905-1983), autor da mais importante reflexão contemporânea sobre a guerra (*Penser la guerre: Clausewitz*, 2 vols., 1976), completou o militar alemão ao dizer que o fim último de toda guerra é uma "certa paz", mesmo quando imposta pelos vencedores.

Essas lições, de tão límpidas, aos poucos começam a prevalecer.

O primeiro-ministro do Reino Unido, Tony Blair, já advertiu que a luta contra o terrorismo não deverá consumar-se em ataques fulminantes, pouco eficazes; ou em ocupações indiscriminadas, de altos riscos. Será uma guerra lenta, sustentada em coalizão de muitas nações. Envolvendo meios diplomáticos, econômicos e de inteligência. Valendo-se de táticas de cerco e infiltração, de investidas tópicas, precisas. E com redobradas medidas internas de vigília e proteção.

Mais que tudo, a par de conter o terrorismo, será preciso conceber e construir uma "certa paz". Não uma revivida *Pax Americana*, mas uma paz compartilhada, fundada em ordem internacional que, mediante fértil interação entre as forças do mercado globalizado e os poderes dos governos, reparta melhor, entre todas as gentes, os benefícios do desenvolvimento mundial.

O Brasil, Brasília em particular, deve participar sem reservas ou hesitações dessas ingentes tarefas.

Publicado no *Diario de Pernambuco*, quinta-feira, 20 de setembro de 2001 (com ilustração de Mascaro).

Saudades da Guerra Fria

AO IMPOR, EM TRÊS SEMANAS, seu domínio sobre o Iraque, a coalizão americano-britânica confirmou, depois do Afeganistão, o que é a guerra do século XXI. Mas, além de interrogações sobre o futuro do Iraque e do Oriente Médio, deixou no ar pergunta inquietadora: o que será de uma ordem mundial já politicamente frágil e anacrônica, agora ferida de morte?

A campanha do Iraque foi concisa nos objetivos: desabilitar um exército para lutar e um governo para governar. Foi ágil no emprego de meios: tecnologia imbatível, eficazmente aplicada para assegurar contínua violência em vários lugares ao mesmo tempo. Inovou em estratégias, táticas, armas. Indo além da guerra asséptica, de munições precisas e teleguiadas, avançou por terra e ocupou cidades sem preocupar-se em tomar cada milha, cada quadra. Minimizou tempos, recursos, baixas, compondo evolução segura, que aproveitou oportunidades, explorou êxitos, aprofundou avanços. O processador, o vídeo, o modem, o mouse equiparam a maioria dos carros de combate. Satélites, radares de última geração, câmeras digitais, lasers potentes dotaram força aérea absoluta no domínio dos céus.

Valer-se de força militar insuperável para projetar poder não é, contudo, o único, ou o melhor, caminho para alcançar a segurança de uma nação. Pois, se a invasão do Iraque não foi uma guerra pelo petróleo, ela se inseriu na luta contra o terrorismo, liderada pelos Estados Unidos da América. É resposta ao forte sentimento de vulnerabilidade e insegurança persistente na alma do grande país desde os atentados de 11 de setembro de 2001.

A alternativa à guerra, que contaria com o apoio da maioria dos países, poderia ter sido ampliar as alianças, fortalecer os compromissos já existentes contra o terrorismo.

Em lugar disso, queimando etapas, Washington, cedo e de plano, optou pela guerra: alardeando a incapacidade dos inspetores internacionais de encontrar as armas de destruição em massa cuja existência atestava; deslocando, a altos custos, sua máquina militar para o Oriente Médio; lá concentrando e aprestando as tropas; vencendo prazos; lançando sucessivos ultimatos. Mesmo ao surpreender-se minoritário no Conselho de Segurança da ONU e ver-se acuado por opinião pública mundial majoritariamente contrária ao conflito, não hesitou em decretar a guerra. Guerra anunciada, datada. (Estava escrito: depois de Cabul, Bagdá. O Iraque era uma obsessão para a Casa Branca.)

Espetacularmente vencida, o que se viu foi uma guerra-demonstração, destinada a dissuadir de seus intentos perversos os demais países do "Eixo do Mal": o Irã, a Síria, o Líbano, a Coréia do Norte...

A serem críveis as metanarrativas construídas em Washington, pode até ser que um Iraque salvo e liberto assuma a democracia. E que resgate os vizinhos endemoninhados, alistando-os todos no "Eixo do Bem". É, porém, duvidoso que mais uma guerra possa evitar outras guerras ou livrar a América do terrorismo. Ao erguer unilateralmente sua vontade por sobre uma ordem mundial que lhe vinha sendo grandemente favorável, os EUA assumiram-se de corpo inteiro como a única superpotência. Seu imenso poder, opulência, visibilidade vão gerar inveja, suspeita, medo, favorecendo a união de forças antagônicas, contestadoras, hostis.

Na ausência de um grande e concertado esforço para construir uma nova ordem global, o mundo, os EUA vão sentir saudades da

Guerra Fria, o equilíbrio bipolar obtido sob a ameaça de um terror, o de hecatombe nuclear, que nunca se consumou. Pois quando um império arrogante decide empregar, à sua vontade e além-fronteiras, meios de guerra com violência crescente no intuito de proteger seu povo, além de sacrificar a paz mundial, está é minando a própria segurança.

Publicado no Diario de Pernambuco, quarta-feira,
23 de abril de 2003.

O futuro político da Europa

O GRANDE PROJETO de uma Europa institucionalmente unida sucumbiu na primavera de 2005 sob o peso do "não" dado no referendo popular da França à bela e generosa Constituição da União Européia. Ela havia sido subscrita por todos os 25 chefes de Estado. E já foi aprovada por 16 países, entre eles pesos pesados como Alemanha e Itália. Desde então a UE se encontra politicamente paralisada.

Decorrido mais de meio século – a Comunidade Européia do Carvão e do Aço, que reuniu, por sobre as cinzas ainda vivas da Segunda Grande Guerra, França, Alemanha Ocidental, Itália, Bélgica, Luxemburgo e Países Baixos, foi criada em 1951 – a União Européia é, econômica e socialmente, um êxito inconteste. Juntos, os 25 países-membros estendem-se por quatro milhões de quilômetros quadrados; possuem 457 milhões de habitantes; exibem PIB de 9,7 trilhões de euros, equivalente ao dos Estados Unidos; e têm PIB per capita de 21 mil euros. Nos últimos anos, como vem crescendo menos do que os EUA (2,6% anuais, comparados com 3,6% entre 1995 e 2001), a UE tomou e está implementando a decisão de modernizar em profundidade a economia, construindo sociedade do conhecimento, mais competitiva e dinâmica, além de capaz de crescimento elevado e durável.

Gigante econômico, no entanto, a União Européia padece de nanismo político, mal que culminou no impasse de 2005.

Como superá-lo? Renunciar à Constituição já aprovada por tantos países-membros seria psicossocialmente desastroso, além de inviabilizar a operação da Europa dos 25, que depende de cláusulas constitucionais como as de maioria qualificada, cooperação reforçada, presidência estável do Conselho Europeu. Apresentar um novo projeto seria, além de penoso, por demais arriscado: a atual carta nasceu de consenso difícil, em que muitos países cederam arraigadas posições, sendo pouco provável que uma nova proposta volte a alcançá-lo.

Resta um terceiro caminho, defendido em artigo récem-publicado na imprensa européia pelo respeitado historiador e filósofo franco-búlgaro Tzvetan Todorov: facultar aos nove países que ainda não ratificaram a novel Constituição a adotar apenas as partes I (instituições), II (direitos humanos) e IV (disposições gerais) dela, dispensando-se a parte III (políticas e funcionamento), mais instrumental e volátil, onde se localizam as grandes divergências.

A esse texto abreviado se daria o nome de Constituição Básica, pois nele está inscrito o grande desígnio da Europa unida: uma identidade que resulta de valores compartilhados, aos quais os países todos, as nações todas, todos os europeus vêm aderindo por convicção: o regime democrático; o estado de direito, os direitos fundamentais.

Afinal, historicamente, o processo de unificação da Europa sempre se pautou por geometrias variáveis, formadas segundo os âmbitos e circunstâncias em que união e colaboração pareceram úteis e viáveis. É o que ocorre ainda agora: tem-se o espaço Schengen, onde se suprimiram os controles de fronteiras (integrado por 12 países-membros, mais Islândia, Noruega e Suíça); a Europa do euro (12 países), o Eurocorpo, a força militar da União (seis países fundadores, mais número variável de outros países-membros). Nada impede, portanto, que se tenham os países da

Constituição Plena e os da Constituição Básica. Nem que se celebrem, entre os 25 membros da Europa estendida (ou parcela deles), acordos sobre, por exemplo, regimes fiscais, regras da concorrência, políticas sociais (temas abrangidos pela polêmica parte III da Constituição).

A Europa política, além de desejável, parece ser possível. Mas vale lembrar que Jean Monet, o insigne inspirador da União Européia, já em 1952 dizia: "Nós não juntamos países; nós unimos homens."

Publicado no Jornal do Commercio, sexta-feira,
21 de julho de 2006.

Ordem ou desordem mundial?

A GUERRA FRIA (1945-1989), o conflito político-ideológico que confrontou Estados Unidos e União Soviética do fim da Segunda Grande Guerra à queda do Muro de Berlim, impôs uma ordem mundial bipolar. Estruturou-a a capacidade obliterante de dois arsenais nucleares. O argumento do terror fundou a estabilidade internacional.

Decorridos 17 anos da vitória do capitalismo de mercado sobre o socialismo de Estado, não se vislumbra qualquer arremedo de ordem internacional instituída. A globalização varre um mundo em desgoverno. Em meio a assimetrias crescentes entre os poderes nacionais, consolidou-se uma única superpotência, os Estados Unidos da América: antes moderada e complacente, praticante do *soft power*; agora radical e maniqueísta ("nós" o bem; "os outros", o mal), empregando como, onde e quando quer seu *hard power*.

O mundo tornou-se desmantelado e perigoso: ante a prática de guerras experienciais localizadas nos socavões da história; com a proliferação das tensões étnicas e sociais; pela expansão sem fronteiras do terrorismo religioso e secular; dado o avanço do crime organizado e do tráfico de drogas e armas. Vive-se hoje, em escala planetária, uma grande indeterminação. A ONU permanece bloqueada. Seus mandatos flutuam sem rumo, suspensos no ar.

Uma das causas dessa indefinição está na virtual ausência da política. Não da politicagem, mais viva do que nunca. Mas da política enquanto ação instituidora de sociedades e governos. Os próprios Estados-nações esvaziam-se dela, tornando-se meros gestores econômicos e sociais, assim negando suas origens e finalidades: a organização da autoridade, o exercício da soberania, a concertação mundial. Outrora sedes da política, eles não dizem mais nada aos cidadãos, não têm projetos nacionais, não acenam com um destino comum. Nenhum estadista desponta no panorama internacional. Dissemina-se a inapetência generalizada para pensar o longo prazo. E grande é a escassez de idéias. Sem elas, não há ação eficaz possível.

Em lugar da "grande política", o que se vê é retorno das religiões em suas variantes fundamentalistas e conservadoras (*theocons*), negação da democracia e da paz. É a revivescência de novas "direitas" (*neorights*) imbuídas de ímpetos missionários; de novas "esquerdas" (*neolefts*) pregando sínteses improváveis entre a milenar ideologia igualitária e o mercado global nascente.

Os defensores da *Realpolitik* inspiram-se em Carl Schmitt (*A noção do político*, 1927) para afirmar que, em política, o que vale é o poder e seu emprego, a dinâmica das relações internacionais se assentando na distinção radical entre o amigo e o inimigo. O influente Samuel P. Huntington (*O choque de civilizações*, 1993) considera que o instável e conflituoso mundo pós-Guerra Fria se explica melhor por choques entre civilizações (entre Ocidente, Islã, China, Índia) do que entre ideologias ou Estados-nações. E vê na cultura o âmago da guerra.

A essas teorias medonhas, que justificam guerras e invasões, Tzvetan Todorov (*A conquista da América*, 1982; *A nova desordem mundial*, 2001) opõe a necessidade de conhecer e compreender o outro, o diferente – sem que nesse processo seja preciso submetê-lo e convertê-lo, impondo-lhe concepção alheia do bem e do mal. Reconhecer a diversidade humana (entre pessoas, nações, culturas), respeitar a diferença são condições para a convivência e o exercício da liberdade e igualdade. Um mínimo de governo mundial, projeto iluminista idealizado por Kant, tem como premissas esse reconhecimento e esse respeito.

Publicado no *Jornal do Commercio*, sexta-feira, 26 de agosto de 2006.

CULTURA POPULAR

Salve a arte popular

A EXPOSIÇÃO *Arte popular de Pernambuco* (Instituto Cultural Bandepe, Bairro do Recife, até 2 de dezembro de 2001) merece uma visita.

Sua curadora, Janete Costa, concebeu-a a partir de compreensão generosamente inclusiva de arte popular: dispensando distinções, quase sempre cavilosas, entre artistas e artesãos, arte utilitária e arte pura, peça única e peça seriada, mestres consagrados e autores desconhecidos.

Ela escapou de relativismo potencialmente arriscado graças às escolhas sensíveis e cultivadas das obras exibidas: tanto as garimpadas em respeitados acervos (como os da Fundação Joaquim Nabuco, de Jarbas Vasconcelos e, por que não?, dela própria) quanto as que ainda podem ser encontradas na Casa da Cultura ou nas boas feiras do interior.

Resulta desses dois critérios de abordagem só aparentemente díspares amplo painel de nossas artes visuais de raízes populares. Que consegue captar a complexa interpenetração de suas matrizes culturais, seu peculiar poder de atar e decifrar tempos interpolados e exprimir sincréticos imaginários coletivos. E que abarca a diversidade de seus materiais, os variados modos de trabalhá-los, os muitos propósitos e motivações que os enobrecem.

Estão nele presentes, bem representados, entre os ceramistas, Galdino e Vitalino (com sua estirada linhagem), ambos de Caruaru; Lídia, Nuca e os demais de Tracunhaém. Entre os mestres da madeira, Nhô Caboclo e discípulos; Biu Santeiro, do Recife; Benedito e Bigode, de Olinda; Lourenço e o filho Heleno, de Tracunhaém. Entre os entalhadores-gravuristas, José e Joel Borges, de Bezerros; José Costa Leite e Amaro Francisco Borges, de Condado.

Complementa o painel expressiva mostra de ex-votos, bonecos de mamulengo, brinquedos e uma variedade de outras obras, de diversos materiais ou mistas, entre elas uma prosaica mas tocante *Tábua de Pirulitos* de um vendedor anônimo do Recife.

Ao todo, algo como seiscentas peças integram a exibição *Arte popular de Pernambuco*. Elas se acumulam em ambiente exíguo, sobrepondo-se umas às outras. Carecem de iluminação que as destaque e estão identificadas precariamente.

Por isso, a mostra não flui, bloqueia-se. Não conduz, trava. Numa tarde de sábado do último fim de semana estendido, apenas uns poucos visitantes a apreciavam. Fossem eles uns 30 ou 40 e já se teria um bom atropelo.

Essa carência de espaços e recursos adequados para abrigar médias e grandes exposições de arte é hoje grave limitação para que o Recife evolua e se afirme como centro cultural. Impediu, desta vez, que o provado talento da cenógrafa Janete Costa pudesse aparecer e desenvolver-se em sua inteireza. E inviabilizaria possíveis iniciativas, paralelas à exposição, capazes de atrair mais público: como, por exemplo, espetáculos de mamulengo que soprassem vida e enredo aos muitos bonecos que, em comovente desânimo e solidão, dependuram-se num dos painéis da mostra.

Publicado no *Diario de Pernambuco*, 18 de outubro de 2001
(com ilustração de autor ignorado).

A Feira de São Cristóvão

O CAMPO DE SÃO CRISTÓVÃO, início da Zona Norte do Rio de Janeiro, é quase contíguo à imperial Quinta da Boa Vista. Não está longe do burburinho do Centro, nem das emoções do Maracanã. É ali que acontece, dos fins de tarde de cada sábado ao meio-dia de todos os domingos, a cinqüentenária Feira de São Cristóvão, também conhecida como Feira dos Nordestinos, ou dos *Paraíbas*.

A Feira de São Cristóvão não é uma feira do Nordeste gordo e feitiço do Recôncavo Baiano. Ou do Nordeste doce e melado da Mata pernambucana. Mais que feira, é uma transposição de recortes da práxis cultural daqueles nordestes mais nordestes: os nordestes secos e poentos dos agrestes e sertões.

Era no Campo de São Cristóvão que, nos anos 1950, os migrantes de todos esses nordestes interiores eram despejados dos paus-de-arara depois de longas e penosas viagens. Eles ali aguardavam, até os sábados e domingos, seus parentes e amigos, migrantes mais antigos que, na folga semanal de seus empregos, vinham buscá-los para encaminhar-lhes a vida e o trabalho na grande cidade.

A Feira nasceu dessas esperas e encontros. Esparsos pontos-de-venda de comidas regionais consumiam os últimos centavos dos chegados e matavam as saudades da terra dos que vinham resgatá-los. Embora clandestino e reprimido, esse comércio se foi multiplicando e diversificando, transformando-se na grande feira-espetáculo dos últimos tempos: armada debaixo das formas improváveis de seus toldos improvisados ao redor do Pavilhão de São Cristóvão, espaço de exposições em abandono, projeto ousado do arquiteto Sérgio Bernardes.

A clientela, quase toda nordestina, pode encontrar na Feira de tudo: cabrito guisado, buchada, feijão-de-corda, carne-de-sol, sarapatel, tripa assada; queijos de coalho e manteiga, rapaduras, tapiocas, beijus, entala-gatos; macaxeira, farinha, massa e goma de mandioca; maxixe, quiabo, cominho e pimenta; jarras, potes e panelas de barro; redes, tamboretes, cuscuzeiras, urupemas, pilões, moedores, colheres de pau. E folhetos de cordel, cantadores e violeiros. Além de muito baião e forró, animados por sanfoneiros ou estridente música gravada, regados a muita cachaça e cerveja.

Iniciativa em execução pretende modernizar a tradicional feira livre, tangendo-a para dentro do Pavilhão de São Cristóvão, que está sendo restaurado. Vestindo nela os trajes de um shopping center, com precisas 764 barracas espalhadas pela rua Ceará, avenida do Nordeste e duas praças de eventos. Promovem-se também um Centro Luiz Gonzaga de Tradições Nordestinas, ainda incipiente, e uma Estação do Futuro, já instalada, bateria de computadores, de fazer inveja a muitas universidades, que vai iniciar os feirantes nos sortilégios da telemática.

Os que apóiam essas transformadoras empreitadas argumentam que a nova Feira será mais uma atração turística da Cidade Maravilhosa. Os que a condenam temem que, descaracterizada, a Feira não mais irá representar, para as dezenas de milhares de visitantes de cada semana, seus nordestes de tantas lembranças.

É uma pena que não se possa ouvir, sobre esses motes conflitantes, os repentes de pioneiros cantadores de viola da Feira: Palmeirinha da Paraíba, mestre Azulão, Passarinho de Pernambuco.

Publicado no *Diario de Pernambuco*, sexta-feira, 15 de março de 2002.

Há cerca de dois anos, a Feira de São Cristóvão mudou-se para dentro do Pavilhão do mesmo nome. Funciona das quintas-feiras aos domingos. Com mais asseio porém engaiolada, ela continua atraindo muita gente, sobretudo à noite.

A arte do povo: Jarbas Vasconcelos

O INSTITUTO CULTURAL BANDEPE, coordenado por Carlos Trevi, brinda o Recife com mais uma importante exposição (2005): de peças, muito bem apanhadas, da coleção de arte popular do governador Jarbas Vasconcelos.

Mesmo na azáfama da abertura, o conjunto da mostra produziu grande impacto. Ninguém pôde resistir à riqueza temática e expressividade dessa ou daquela cerâmica (a do "Boi" de João das Alagoas, por exemplo). Ao encanto e força comunicativa dessa ou daquela escultura em madeira (a do "Bode" de Manoel Graciano, de Juazeiro do Norte). À soberba postura e lustrada aparência do "Gato", do alagoano Manoel das Marinheiras.

Visita mais acalmada – no início de tarde de domingo, a galeria já cheia – apenas confirmou a impressão de antes. Ensejando novas descobertas: o transitivo-intransitivo dos totens de Nino de Juazeiro do Norte; a limpeza de formas e cores da "Banda" de Heleno de Tracunhaém.

Ela trouxe também uma confirmação: o núcleo da coleção é um variado painel das gentes e de bichos, de coisas profanas e santos devotados do interior de Pernambuco, tal como captado pelos ceramistas de Caruaru e Tracunhaém. Lá estão os bois de olhar assustado de Mestre Vitalino; os cangaceiros hieráticos do primeiro Galdino;

as coloridas cenas do cotidiano; os folguedos e as procissões de Zé Caboclo, Manuel Eudócio, José Rodrigues, Marliete, Socorro. Os anjos de Maria Amélia, os santos de Lídia, os crucifixos do Galdino, as mulheres de Antonia Leão, as bonecas de Nuca, as moringas de José Antonio Vieira.

Contraponteiam a exposição peças provindas de outras regiões do Brasil (do Sudeste, em especial Minas Gerais; da Amazônia), de Portugal e África (Benim, Nigéria, Costa do Marfim). Elas sublinham, por um lado, inegável parentesco com as artes populares pernambucana e nordestina. Servem, por outro lado, para atestar as influências indígena, ibérica e africana ("matrizes", escreve a curadora Janete Costa no catálogo da exposição).

Eis o mito indelével das três raças marcando com seu peso uma cultura ainda em sua adolescência. Não há, certo, como negar essas influências. Elas vêm de longe. Misturam-se e interagem de modos complexos e variáveis. Interpolam tempos e espaços sociais, em contínuos movimentos.

É, contudo, problemático atribuir a essa ou aquela criação ou manifestação da arte popular nordestina uma fonte, ou matriz, exclusiva ou dominante. Elas refletem imaginários coletivos sincréticos, a um tempo sincrônicos e diacrônicos. Já vividos. Assimilados em sínteses surpreendentes.

De igual modo, seria temerário vê-la como arte primitiva, *naïf*. É, sim, uma arte presente na vida. Está além do mero ornato. Não se exprime apenas no decorativo. É uma totalidade comunicativa que já amadurece. Sendo capaz de fundir o sagrado e o profano, este e outros mundos, ambos igualmente imaginados.

Releva ressaltar o crivo de bom gosto que Jarbas Vasconcelos vem há décadas aplicando às escolhas representadas no acervo extraordinário que acumulou. Pois a arte que a exposição revela atesta tanto a criatividade de um povo quanto a sensibilidade do colecionador.

Publicado no *Jornal do Commercio*, sábado, 9 de abril de 2005.

Questões Sociais

Educação: uma nova escola

AINDA NÃO SE CHEGOU a consenso sobre a natureza e o conteúdo da educação que deverá prevalecer no século XXI. Sabe-se, porém, ser hoje crucial ao aperfeiçoamento da sociedade e ao progresso da economia a capacitação, em novas bases, dos recursos humanos. E que ela deve produzir-se mediante intensa e extensa apropriação de conhecimento e informação: expressando-se em vasto e diversificado conjunto de capacidades e habilidades intelectivas, lingüísticas, técnicas, processuais; contemplando o domínio e a aplicação de tecnologias e métodos de organização e gestão; e nutrindo-se de valores e princípios amplamente compartilhados, balizadores de boa convivência.

O alcance desses objetivos, que supõem a universalização de educação geral de qualidade, acompanhada de qualificação para o trabalho, é o maior desafio que o Brasil deverá enfrentar nas primeiras décadas deste século. Para vencê-lo, faz-se preciso instituir uma nova escola.

De uma parte, muitas famílias ainda não dispõem dos meios para adequada socialização de seus filhos, tarefa a ser suplementada na escola. E a sociedade como um todo ainda incorpora de modo incompleto, desigual e desestruturado os valores da modernidade e os códigos comunicacionais contemporâneos, requisitos de educação básica mínima. De outra parte, as expectativas sociais com relação ao ensino e aprendizado como instrumentos úteis a futura inserção produtiva se frustram ante os pobres resultados do processo educativo, em geral desprovido de direcionamento pragmático.

A nova escola deve prover formação que assegure rápido desenvolvimento cognitivo, racionalidade instrumental, autonomia individual, sentido de responsabilidade, capacidade de empreendimento e inovação, criatividade. Deve estar dotada dos requisitos básicos da oferta educacional: instalações, equipamentos, material didático, competência docente, recursos multimídia. Deve ser gerida eficientemente, de forma descentralizada, de preferência pela comunidade. Deve adotar processo contínuo de atualização pedagógica e curricular, avaliar permanentemente resultados, estimular o desempenho de professores e alunos. E deve inovar curricularmente, enveredando, sem prejuízo de seus conteúdos básicos, gerais, pela educação aplicada, de natureza tecnológica e gerencial, compreendida como o processo pelo qual o conhecimento é referenciado ao trabalho (qualquer trabalho, sendo, portanto, de uso polivalente).

Na nova escola, o jovem, concluída sua educação básica, estará instrumentalizado seja para formação superior, seja para adquirir, no sistema de qualificação, especialização de nível médio. Ele terá capacidade de auto-aprendizado, habilidades para inserir-se interativamente em organizações produtivas complexas, conhecimento dos direitos e deveres de cidadão.

A necessidade de construir uma nova escola é ainda maior, e mais urgente, em Pernambuco e no Nordeste, com desempenhos e resultados educacionais muito inferiores, quantitativa e qualitativamente, aos brasileiros, esses últimos já alarmantemente baixos, mesmo em comparação a outros países latino-americanos.

Publicado no *Diario de Pernambuco*, quinta-feira, 18 de abril de 2001.

As desigualdades de renda

O BRASIL AINDA É UM dos campeões mundiais em disparidades sociais. Porém as desigualdades de renda entre as pessoas, que se mantiveram em níveis muito elevados por mais de três décadas, vêm caindo lenta mas firmemente. É o que afirmou o IBGE, ao divulgar, há dias, a Pesquisa Nacional por Amostra de Domicílios, Pnad, relativa a 2003. Essa queda, medida pelo coeficiente de Gini – a mais conhecida das medidas da distribuição de renda –, foi, entre 1993 e 2003, de 6% no país e de 8% no Nordeste. De 7% entre os brasileiros e 3% entre as brasileiras.

A repartição interpessoal da renda reflete mais a estrutura de uma sociedade do que seu desempenho econômico. Vincula-se a legados que deitam fortes raízes no passado. Exprime tendências pesadas o suficiente para inibir ou retardar alterações abruptas de rumo.

Na herança que o século XX recebeu da Colônia e do Império sobressaíram o latifúndio e a monocultura de exportação. Além de inflamado rescaldo do regime de trabalho escravo, pois a Abolição (1888), alforria apenas jurídica, foi pragmaticamente nula enquanto projeto de inserção econômica e social: esvaziou as senzalas apenas para multiplicar os mocambos.

Não havia como inspirar em organização social assim fundada quaisquer impulsos igualitários. Foi densa a nuvem de iniqüidade que pesou sobre toda a Primeira República (1889-1930). Determinando situações, diversas mas dominantes, de semi-servidão. Avalizando a persistência de elevada concentração da riqueza, sobretudo fundiária, prorrogando o preconceito arcaico contra o trabalho manual ou mecânico. Aviltando ainda mais os salários.

Na segunda metade do século passado, modernizadora no que respeita às relações de trabalho e aos direitos sociais, uma outra característica do progresso nacional atuou como inesperado reforço à conservação da desigualdade: a industrialização substitutiva de importações. Sua viabilidade repousou em mercado interno preexistente, antes atendido por importações. A despeito do grande impulso que deu ao crescimento, pouco lhe interessou uma melhor distribuição de renda: a demanda interna pelos produtos industrializados cujas importações ela substituiu assentava-se em perfil distributivo que, se alterado (em direção a maior igualdade), poderia estreitar o mercado dos bens, de maior valor e menor essencialidade, que passavam a ser produzidos no país.

Da conjunção desses processos econômico-sociais resultou o aumento no coeficiente de Gini do país de 0,497 em 1960 para 0,565 em 1970: uma variação para mais de 14%. Nas décadas de 1970 e 1980, as desigualdades de renda entre as pessoas alcançaram patamares muito elevados (acima de 0,600). Tenderam, em alguns casos, a relativa estabilização, como no Brasil em seu todo. Ou revelaram, noutros casos, como no Nordeste, tendência a agravamento.

No processo de desenvolvimento brasileiro do século XX, teria, portanto, ocorrido, num primeiro momento, de grandes desequilíbrios estruturais, especialmente de produtividade (dos anos 1930 aos anos 1980), agravamento das desigualdades de renda. Até atingir-se, já na década de 1990, um patamar a partir do qual começou a esboçar-se progresso, ainda que lento, em direção a mais eqüidade.

É o que podem estar sugerindo as estimativas do coeficiente de Gini apresentadas pelo IBGE, juntamente com os resultados da Pnad de 2003. É pena que elas tenham motivado, até agora, tão pouco da atenção nacional.

Publicado no *Jornal do Commercio*, quinta-feira,
28 de outubro de 2004.

Soluções para o desemprego

O INSTITUTO NACIONAL DE ALTOS ESTUDOS (Fórum Nacional) reuniu em 2000, no Rio de Janeiro, em seminário que buscou soluções para a questão do emprego no país, altas autoridades governamentais, entre elas o ministro Francisco Dornelles, do Trabalho; o diretor da OIT (Organização Internacional do Trabalho, Genebra), Eddy Lee; e renomados especialistas brasileiros no assunto, além de parlamentares, empresários e sindicalistas.

Ficara previamente acertado que a expressão emprego seria tomada em sentido amplo, significando qualquer ocupação remunerada, mesmo informal, precária, ou em tempo parcial. E consolidou-se, no debate, o consenso, importante hoje, embora possa parecer óbvio a muitos, de que crescimento gera ocupação. (Destacou-se, a esse propósito, a criação, decorrente do aquecimento da economia, de cerca de 700 mil empregos nas regiões metropolitanas entre janeiro e julho daquele ano.)

Marcelo Neri, da Fundação Getulio Vargas, e Ricardo Paes de Barros, do Ipea, apresentaram os dois estudos mais importantes do seminário. Neri viu o desemprego no país como problema essencialmente das cidades, onde é maior o crescimento da população economicamente ativa (PEA) e mais rápido o processo de modernização da economia, destruidor de ocupações pouco qualificadas.

Mas ressalvou a diversidade de situações urbanas, por regiões, tamanhos de cidade, níveis de renda e ritmos de progresso, que desautoriza soluções padronizadas.

Paes de Barros definiu como objetivo da política de emprego a garantia de trabalho com aumento de produtividade, objetivo que pode ser alcançado mediante crédito para investimento a juros competitivos (gerando demanda por melhores empregos) e capacitação da mão-de-obra (criando oferta de trabalho de mais qualidade). Defendeu medidas complementares destinadas a assegurar renda suficiente às pessoas ocupadas (salário mínimo, entre outras) e mecanismos redistributivos para atender aos economicamente marginalizados. Reconheceu que o Brasil utiliza todos esses instrumentos, mas demonstrou com números que, em lugar de beneficiar os pobres e excluídos, eles estão contribuindo para acentuar as desigualdades (Veja-se, a propósito, o livro *Soluções para a questão do emprego*, de João Paulo dos Reis Velloso e Roberto Cavalcanti de Albuquerque, coords., Rio de Janeiro, José Olympio, 2001.)

Embora seja relevante encontrar soluções para o desemprego elevado, penso que esse problema ainda afligirá o Brasil pelo menos ao longo da próxima década. Por duas razões principais: de um lado, porque, a despeito da queda observada e prevista no crescimento demográfico (de 2,01% anuais em 1980-1990, 1,36% em 1990-2000 e 0,95% em 2000-2010), a expansão da PEA, refletindo o incremento populacional passado e a presença crescente de mulheres e idosos de baixos proventos no mercado de trabalho, ainda deverá ser elevada: de 2,18% ao ano em 2000-2005 (aumento anual de 1,9 milhão); e de 1,68% ao ano em 2005-2010 (aumento anual de 1,8 milhão). De outro lado, porque o Brasil, que ainda se ressente de transição do trabalho escravo para o trabalho livre realizada sem projeto de inserção dos libertos na economia e na sociedade, viu comprometer-se uma outra evolução, em marcha desde os anos 1930: a do trabalho informalmente apalavrado para o emprego contratado em carteira e com proteção previdenciária. Evolução essa truncada pela virtual paralisia econômica dos últimos dois decênios e atropelada por mutação cultural que ocorre em escala planetária: a perda de centralidade, na organização da produção, do emprego formalizado e protegido, associada à crise, correlata, do sindicalismo.

Publicado no Diario de Pernambuco, quinta-feira, 28 de setembro de 2000.

Pobreza e fome

A ECONOMISTA SONIA ROCHA tem longa experiência de pesquisa e reflexão sobre a pobreza, a maior de nossas mazelas sociais – experiência vivida no IBGE, no Ipea e agora na Fundação Getulio Vargas. É também exímia em leque incomum de qualidades: embrenha-se sozinha e sem errar-se nas selvas escuras dos censos, inquéritos, amostras; investiga técnicas, afina métodos, adapta teorias. Formula hipóteses e, porque desconfia, testa resultados. Segura deles, os expõe limpos, clareados, compreensíveis.

Seu livro *Pobreza no Brasil: afinal, de que se trata?* (Rio de Janeiro, FGV Editora, 2003) reflete esses talentos e vem tendo merecida repercussão. Ele considera a pobreza a síntese dos problemas nacionais. Estando intimamente associada às grandes desigualdades distributivas brasileiras interpessoais e inter-regionais. Sendo incompatível com o nível de renda média alcançado pelo país.

Utilizando várias linhas de pobreza (de modo a captar os diferentes poderes de compra e hábitos de consumo do mosaico social brasileiro), Sonia Rocha estima em 54,4 milhões (35% da população) o número de pobres do país (1999): pessoas com renda insuficiente à satisfação das necessidades básicas. Constata a tendência, de longo prazo, de redução dessa incidência de pobreza. Joga novas luzes sobre o passado nacional mais recente, os anos 1990, num olhar mais de perto. Olhar do país como um todo; das grandes regiões, com ênfase no Nordeste (22,9 milhões de pobres, 51% da população regional), que é o caso mais grave; das metrópoles que empobrecem; do estado de Pernambuco (quatro milhões de pessoas pobres, 56% dos pernambucanos). Olhar, também, da vida que vivem os pobres, no seu dia-a-dia, na diversidade das vivências do ser pobre.

Em outro estudo, ainda por concluir-se e realizado em colaboração com o autor deste artigo, Sonia Rocha esmiúça uma outra, mais grave pobreza: a dos indigentes, os mais pobres dentre os pobres. Vivem no Brasil nessa condição extrema 21,7 milhões de pessoas, 12,9% da população (2000). No Nordeste, esses números são 11,5 milhões e 24%. Em Pernambuco, 1,8 milhão e 23%. No Recife metropolitano são 649 mil os muito pobres, quase 20% da população e 36% da pobreza extrema do estado. Os municípios pernambucanos com menor incidência de pobreza extrema são Toritama (3%) e Santa Cruz do Capibaribe (5%). Neles desenvolve-se, há anos, quase inteiramente por iniciativa local e privada, a microindústria de confecções.

Essa pesquisa, destinada a seminário que o Instituto Nacional de Altos Estudos (Fórum Nacional) realizará, em setembro próximo (2003), no Rio de Janeiro, visa a subsidiar a identificação, por municípios, da população-alvo potencial do Programa Fome Zero, carro-chefe da política social do governo Lula. Pois a pobreza extrema, com renda insuficiente para alimentar-se, é mais suscetível de padecer fome crônica e desnutrição.

Releva, porém, mais que tudo, o que Toritama e Santa Cruz do Capibaribe estão dizendo. A solução para a pobreza e suas seqüelas é mais emprego e mais renda. São as pessoas promovendo suas próprias inserções econômico-sociais. É o homem assumindo melhor destino.

Publicado no Diario de Pernambuco, com o título
"Fome e pobreza", domingo, 20 de julho de 2003 (com foto do autor).

Bolsa família: a vez dos pobres?

TODO UM CONJUNTO de programas federais de transferências de renda vem, há alguns anos, sendo unificado e ampliado sob a égide do Programa Bolsa Família. Esse programa, o carro-chefe da atual política social do país, é visto, nacional e internacionalmente, como prova de que chegou, afinal, a vez dos pobres no Brasil.

Tal afirmação deve ser qualificada à luz de pesquisa sobre o assunto, recentemente divulgada pelo IBGE.

Segundo esse estudo, em setembro de 2004, 8,1 milhões de domicílios particulares brasileiros recebiam dinheiro de programa social público, beneficiando 39 milhões de pessoas. Cerca de 25% desses domicílios (10 milhões de pessoas), com rendimento domiciliar per capita mensal até ¼ do salário mínimo (R$ 65,00), continuavam pobres mesmo após terem sido beneficiados (segundo o Bolsa Família, pobres eram, em 2004, aquelas pessoas com renda familiar per capita inferior a R$ 100,00). Por outro lado, é mais que provável que a grande maioria de outros 37% dos domicílios, igualmente assistidos (14 milhões de pessoas) mas com rendimento per capita acima de ½ salário mínimo (R$ 130,00), já não fosse pobre quando passou a integrar o Programa. Ao mesmo tempo, quase 50% dos domicílios do país com rendimento domiciliar per capita de até ¼ do salário mínimo (1,9 milhão, com 10 milhões de pessoas, reconhecidamente pobres) não haviam sido atendidos por nenhum dos programas de transferência de renda sendo fundidos no Bolsa Família.

Havia, assim, amplíssima margem para melhor focalização, nos pobres, das ações públicas antipobreza caracterizadas pelas transferências públicas de renda. Prevalecendo, de outro lado, a prática de transferências de renda, aos mais pobres, de valor insuficiente para permitir que eles alcançassem o rendimento que os teriam promovido à condição de não-pobres.

Outra deficiência operacional dessas ações antipobreza decorre da implementação das chamadas condicionalidades, em particular as relativas à educação, que estariam sendo negligenciadas. Este é aspecto do Bolsa Família que também está a merecer a mais detida atenção. Pois decerto não se pretenderá que esse programa se torne permanente na escala macroscópica que está alcançando.

Para ser efetiva e duradoura, a redução da pobreza envolve um conjunto articulado e consistente de ações focalizadas cujo objetivo-fim é capacitar os pobres a obter, essencialmente através de ocupação produtiva geradora de renda suficiente, inclusão econômica e social. Nesse contexto, as transferências de renda devem ser vistas como objetivos-meios, legítimos mas transitórios. Elas não visam a condenar os pobres, indefinidamente, à inutilidade e à dependência. Visam a promover-lhes inserção econômica ativa, além de socialmente integradora.

Dentre essas ações, a educação-qualificação, por ser formadora de capacidade de trabalho eficaz, reveste-se de alta relevância. Ela deveria ser a primeira prioridade, sendo ampliada, de modo a contemplar não somente a educação básica (ensinos fundamental e médio) das crianças e adolescentes, mas também escola supletiva eficiente para os adultos jovens.

Será com maior capacitação produtiva que os mais pobres poderão disputar, com melhores chances, as ocupações geradoras de renda suficiente que forem sendo criadas pelo crescimento econômico.

Publicado no *Jornal do Commercio*, quinta-feira, 1º de junho de 2006.

Pernambuco e a exclusão social

AO ANUNCIAR QUE O COMBATE à exclusão social será a prioridade de seu segundo mandato, o governador Jarbas Vasconcelos dá relevo a questão cujo enfrentamento é da maior relevância para o desenvolvimento de Pernambuco, e estimula o debate público sobre tema que se reveste de complexidade.

Tudo seria simples se, por exemplo, se igualasse exclusão social a pobreza extrema ou indigência. E se ela fosse medida por um único critério: o da insuficiência de renda para atender às necessidades de alimentação. Quem melhor faz esses cálculos é a professora Sonia Rocha. Em livro primoroso, *Pobreza no Brasil: afinal, de que se trata?* (Rio de Janeiro, Fundação Getulio Vargas, 2003), ela estima em 15,7 milhões os indigentes do Brasil (2001), número menor do que os 22 milhões do Ipea e os 44 milhões do PT. E encontra 1.522 mil indigentes em Pernambuco (9,7% do país): 567 mil no Recife metropolitano, 454 mil nas demais cidades e 501 mil no meio rural. Seria ainda mais simples decidir por combater a exclusão social ou a indigência apenas mediante suplementação de renda. Sem atentar para suas causas. Sem buscar, ao longo do tempo, a necessária redução do tamanho da população-alvo dos programas antipobreza.

Felizmente, a primeira administração Jarbas Vasconcelos não enveredou por esse reducionismo no desenho, que foi de bom corte, de sua política de combate à pobreza, coordenada pelo secretário de Planejamento e Desenvolvimento Social, José Arlindo Soares. A experiência adquirida poderá agora ser de valia para alicerçar a ampliação das ações estratégicas voltadas a essa nova prioridade de governo. Pois é importante que se considere a exclusão social, tanto quanto a pobreza, como síndromes sociais complexas. Não se deve, em particular, isolar as situações de pobreza do contexto social mais amplo em que elas se inserem. Ignorando que há relações de complementaridade, entre pobres e não-pobres, que vão além do mercado de trabalho e podem transformar-se em alavancas para mais rápida redução da pobreza.

Dois outros conceitos podem ser relevantes para a concepção de intervenções públicas de redução da pobreza. O primeiro deles é o que se pode chamar de *exclusão na origem*. Como a incidência de pobreza extrema em Pernambuco foi estimada em 19,4% da população (2001), pode-se dizer que a probabilidade de um pernambucano nascer em família indigente é, pelo menos, dessa mesma magnitude.

Essa criança não está, evidentemente, condenada à indigência. Mas, para assegurar que a exclusão social não se reproduza e perpetue, pode-se utilizar, como ferramenta transformadora, o segundo conceito, o de *inclusão pela educação*. Capacitando os filhos de famílias muito pobres para serem os atores de suas próprias inclusões sociais. Oferecendo creches e educação pré-escolar, ambas públicas. Avançando pelos ensinos fundamental e médio, assegurando adequada qualificação. Indo até a inserção em trabalho capaz de vencer a sub-renda, a pobreza e a exclusão.

Em sentido mais amplo, para desencadear processo sustentado de inclusão social, é preciso atentar para o que, na dinâmica do desenvolvimento, gera renda e riqueza e afeta sua distribuição social. Gera renda e riqueza a produção. Afeta-lhes a distribuição social o conhecimento. O crescimento da produção e do conhecimento pode viabilizar trabalhos com capacidade de gerar rendas maiores. Num círculo virtuoso de progresso e transformação social, uma melhor distribuição do conhecimento pode determinar uma melhor distribuição de renda.

Nunca é demais relembrar milenares provérbios. Pode-se dar o peixe, mas é melhor ensinar logo a pescar. Há alegria e gratificação no trabalho produtivo. Ele é parte essencial de inserção social criativa e realizadora.

Publicado no *Diario de Pernambuco*, sexta-feira, 17 de janeiro de 2003.

Toritama e o Fisco

DESATENTO AO CALENDÁRIO (o Sebrae já comemorava com loas e números a "Semana da Micro e Pequena Empresa"), o Fisco pernambucano, em *blitz* ruidosa, fechou, até que sejam regularizadas, quase 500 microindústrias e pequenas lojas do ramo de confecções de Toritama. Essa atividade, grandemente intensiva em mão-de-obra, sustenta, há anos, a economia daquele pequeno município, gerando ocupação e renda em empreendimentos caracterizados por elevado grau de informalidade.

A operação fiscal, que também impôs multas e outras punições, já estaria ocorrendo em Santa Cruz do Capibaribe e Caruaru, cidades que formam, com Toritama, o dinâmico triângulo chamado Pólo de Confecções no Agreste.

Eventuais excessos à parte, não cabem dúvidas quanto à legalidade dessa ação fiscalizadora. Nem quanto à necessidade de formalização, mínima que seja, dos micronegócios, mesmo quando atuando nas feiras livres. A questão, entretanto, é suficientemente ampla, e complexa, para ser tratada apenas sob ângulo do fiscalismo. Pode afetar a competitividade do Pólo, freando-lhe o crescimento, desarticulando-o. No rastro da Secretaria da Fazenda, já se anuncia que o Ministério do Trabalho e Emprego, a CPRH – Agência Estadual de Meio Ambiente e Recursos Hídricos —, as prefeituras (por que não a Receita Federal e o INSS?) vão, "em ação conjunta", assegurar que Toritama não mais continue crescendo "à margem do estado".

Eis um sócio, o Estado, que pode facilmente tornar-se pesado demais, exigente demais a negócios tão frágeis e descomplicados como os de Toritama, cuja vantagem está nos baixos custos e preços do que produzem e vendem.

Nas últimas duas décadas, anos de chumbo para o crescimento do Brasil, do Nordeste e de Pernambuco, Toritama e, antes dela, Santa Cruz do Capibaribe, demonstraram, a partir de iniciativas produtivas locais, ser possível prosperar, gerar e distribuir renda, reduzir a pobreza. Toritama cresceu sustentada e rapidamente. Desconhece hoje a desocupação. Com 22 mil habitantes (2000), tem apenas 711 pessoas vivendo em pobreza extrema: somente 3,3% da população, a menor incidência de pobreza crítica dentre os municípios do Nordeste (Pernambuco tinha, nesse mesmo ano, 23% das pessoas em pobreza extrema; o Recife, 16%).

Pioneira no estado nas confecções de consumo popular, Santa Cruz do Capibaribe também prosperou muito, modernizou-se. Hoje com 59 mil habitantes, tem apenas 5% de pobres extremos. E Caruaru, cidade média (com população de 254 mil pessoas), tem incidência de pobreza extrema de 9%, em parte devido ao crescimento econômico da década passada, que foi, em média, de 7% ao ano: mais do dobro do obtido por Pernambuco e pelo Brasil. Em Caruaru, a indústria e o comércio de confecções, em geral de maior porte, foram responsáveis por apenas parte desse desempenho, pois a Capital do Agreste tem economia mais diversificada e mais robusta.

O governo de Pernambuco certamente está ponderando as possíveis implicações de medidas desse jaez sobre o desenvolvimento do Pólo de Confecções do estado, cuja importância econômico-social não desconhece. Certamente vai procurar dosá-las por justos critérios.

Nos tempos atuais (de vacas ainda magras, mas de reformas que só aumentam as bocadas do vários fiscos na renda do país), até a Fiesp vale-se, das alturas da avenida Paulista, de outra imagem pecuária igualmente expressiva na defesa dos que produzem: a da galinha dos ovos de ouro. Ela não deve tão à toa ser abatida e depenada.

Publicado no *Diario de Pernambuco*, domingo, 19 de outubro de 2003 (em "Carta ao Leitor", com foto do autor).

Crime e violência

A IMAGEM QUE O BRASIL vem produzindo dele mesmo nos meios de comunicação em geral e na televisão em particular mais parece a de uma grande delegacia. Crimes: assassinatos, seqüestros, chacinas, furtos, roubos, latrocínios. Investigações: pelo Congresso Nacional, Assembléias Legislativas e Câmaras de Vereadores, pela mídia, pelas várias polícias, a federal e as civis. Operações, batidas, *blitzen*: de destemidos parlamentares, invasivas equipes de televisão, de outras tantas polícias, militares, rodoviárias, municipais. Além dos escândalos: no Legislativo, no Executivo, no Judiciário, nas finanças, no futebol.

Tudo isso entope diariamente o noticiário de rádios, jornais e revistas, televisões. São páginas e páginas da grande imprensa; horas e horas da mídia eletrônica, com muitos programas especializados, de grande alarido e público. Eles veiculam, à exaustão, um mundo de horror: tiroteios, assaltos, cativeiros, torturas, extorsões, reféns, as famílias desesperadas, os cadáveres dilacerados – e sangue, muito sangue, pingando das calçadas, embebendo a terra. Compondo hipérbole patética de uma realidade constrangedora.

Sim, não há como negar, a sociedade brasileira está afundando em conflito, violência, corrupção. Expô-los, ampliados, pela mídia, não será a melhor catarse. Podendo disseminar a insegurança, espalhar o pânico, estimular o crime revelado sem castigo, em escancarada impunidade. Escondê-los, entretanto, minimizá-los, em nada irá ajudar o seu combate.

Conheçam-se, pois, em breves linhas, a dimensão e gravidade da questão maior: a criminalidade violenta.

Ao aproximar-se o presente século, ocorriam anualmente no país mais de 40 mil homicídios, quase 90% deles por armas de fogo. Eram 25 assassinatos-ano por cada 100 mil habitantes. (Esse indicador é de 0,6 no Japão, 1 na França e em torno de 5 na Argentina, no Paraguai, Chile e na Costa Rica.) Por estados brasileiros, ele era de 59/100 mil no Rio de Janeiro, 50/100 mil no Espírito Santo e Pernambuco, acima de 30 em São Paulo e no Distrito Federal.

Nas maiores aglomerações urbanas, o índice subia para 85/100 mil em Vitória, 63/100 mil no Recife, 59/100 mil no Rio de Janeiro, 55/100 mil em São Paulo. A criminalidade já avançava nos médios núcleos urbanos (a cidade de São Paulo estava em 20º lugar, no estado, pelo número de homicídios por habitante).

Era clara a opção por maior violência nos crimes em geral: em Brasília, com um policial para cada 90 habitantes (em Nova York, há um policial para 180 habitantes), decresciam os furtos, mas aumentavam os roubos de veículos; e, no estado de São Paulo, os crimes contra a pessoa cresciam quase duas vezes mais que os crimes contra o patrimônio.

Em todo o país, a criminalidade é muito mais intensa na base da pirâmide social, à qual pertencia a maioria tanto dos agressores quanto das vítimas. E ela envolvia, dos dois lados da ação criminosa, um número crescente de jovens.

Existem boas propostas de políticas de segurança pública (uma delas é a do coronel José Vicente da Silva Filho, do Instituto Fernand Braudel de Economia Mundial, publicada no livro *Pobreza, cidadania e segurança*, do Fórum Nacional, Rio de Janeiro, José Olympio, 2000). Mas pouco de consistente e efetivo se vem fazendo, em escala nacional, para enfrentar a escalada do crime e da violência. Ela é (e, tudo indica, continuará sendo, por longo tempo) o mais sério problema social do país, juntamente com a pobreza extrema.

Publicado no *Diario de Pernambuco*, quinta-feira, 20 de junho de 2002.

Velhas secas, novos sertões

GUSTAVO MAIA GOMES pertence a grupo de economistas pernambucanos integrado, entre outros, por Clóvis de Vasconcelos Cavalcanti, Cristovam Buarque, Renato Duarte, Yony Sampaio, Jorge Jatobá, Maurício Romão, José Raimundo Vergolino. Eles têm em comum duas características. Uma é a presença, como professores ou alunos, no Programa Integrado de Mestrado em Economia e Sociologia, Pimes, da Universidade Federal de Pernambuco (foi com esse nome e escopo que o Pimes foi fundado, nos anos 1960). A outra é a motivação e o êxito com que navegam outras províncias do espírito (a pesquisa social, a história, a literatura, o jornalismo) ou se envolvem na política e na administração pública.

Velhas secas em novos sertões (Brasília, Ipea, 2001, 326 p.), o último livro de Gustavo Maia Gomes, não é obra só para economistas. Destina-se a público mais amplo. Flui em prosa amena, por vezes levemente irônica e mesmo encrespada (quando, por exemplo, o autor investe contra afirmações infelizes de ícones do saber econômico nacional). Situa-se entre o bom jornalismo e o ensaio. Nela, o conhecimento especializado estrutura a análise mas disfarça-se no empenho comunicativo. E o viés acadêmico apenas aflora em veios de cores mais fortes, ou se trai nas desculpas freqüentes por medições mais arriscadas.

O livro, já se adivinha, divide-se em duas partes.

Velhas secas abre-se com crônica bem documentada das secas de 1998-1999: os primeiros alertas, de sempre, na imprensa; o atraso de sempre das medidas de governo, o programa (sempre bilionário) de combate a seus efeitos; a fatalidade, o drama, a miséria: de sempre. Seguem breve história das secas, síntese competente, e relato da decadência da economia tradicional do semi-árido, só recentemente insuflada de bem-vindo sopro de vida.

Novos sertões trata de iniciativas como a moderna fruticultura irrigada, de alta produtividade; as indústrias têxtil e de confecções de algumas cidades; a soja dos cerrados; a "economia (quase) sem produção" gerada pelas aposentadorias e empregos públicos; até mesmo o "Polígono da Maconha".

Dentre essas atividades, apenas a economia sem produção tem dimensão significativa, recebendo renda de cerca de R$ 5 bilhões anuais, de tamanho equivalente à gerada pela economia tradicional do semi-árido.

Cuidadoso encarte iconográfico separa, no livro, as velhas, trágicas secas dos novos, promissores sertões.

É mais que oportuna uma reflexão sobre o semi-árido no ano em que se comemora o centenário de *Os sertões*, de Euclides da Cunha. Ele deu aos sertões um significado brasileiro. Ao colocar-se, no dizer de Gilberto Freyre, "a favor do deserto incompreendido, dos sertões abandonados, dos sertanejos esquecidos".

As intervenções pelo desenvolvimento do Nordeste semi-árido já renderam frutos, Gustavo Maia Gomes reconhece. E algumas delas, como a agricultura irrigada, a indústria têxtil e de confecções, apontam direções corretas. Carecem, contudo, de maior dimensão para ter impacto transformador relevante. Sérias restrições, entre elas a insuficiência hídrica, a baixa escolaridade, a nenhuma qualificação da grande maioria da população, precisam ser superadas.

São obstáculos formidáveis ao crescimento. No curso dessa superação, iniciativas de maior envergadura poderão prosperar. Não é preciso dizer que tanto a assistência aos flagelados pelas secas quanto a economia sem produção são soluções insuficientes e sem sustentação, embora circunstancialmente necessárias.

Publicado no *Diario de Pernambuco*, quinta-feira,
18 de julho de 2002.

INSTITUIÇÕES

Por uma Justiça moderna

A SESSÃO DE ENCERRAMENTO do XVI Fórum Nacional (Rio de Janeiro, maio de 2004) reuniu o presidente do Supremo Tribunal Federal, Nelson Jobim; o ministro da Justiça, Márcio Thomaz Bastos; o senador José Jorge, relator do projeto de emenda constitucional de reforma do Poder Judiciário no Senado Federal; o deputado José Eduardo Cardozo, presidente da Comissão de Reforma do Judiciário da Câmara dos Deputados; o presidente nacional da OAB, Roberto Antônio Busato; e o desembargador Cláudio Baldino Maciel, presidente da Associação dos Magistrados Brasileiros.

Conforme é prática corrente nos Fóruns Nacionais, o mais importante espaço de debates sobre o desenvolvimento e a modernização do país (coordenado pelo ex-ministro João Paulo dos Reis Velloso), essas e outras autoridades, além de especialistas, debruçaram-se, uma tarde inteira, sobre a seguinte pergunta: como dotar o Brasil de um Poder Judiciário moderno?

O senador José Jorge, abrindo a mesa-redonda que antecedeu aos pronunciamentos do ministro da Justiça e do presidente do STF, pautou com competência o tema quando afirmou que reformar o Judiciário significa aperfeiçoá-lo em três dimensões essenciais: (1) a revisão, necessária porém insuficiente, dos dispositivos da Constituição de 1988 sobre o Poder Judiciário; (2) a reforma da legislação processual civil e penal, a fim de tornar mais ágil e tempestiva a prestação jurisdicional; (3) a modernização da estrutura administrativa dos órgãos da Justiça.

No correr dos debates, houve surpreendente mas bem-vinda convergência de pontos de vista sobre a maioria das propostas relativas a cada um desses aspectos.

Um tácito consenso pairou sobre as inovações constitucionais em exame do Senado. A mais ousada delas, a súmula vinculante, é decisão do Supremo Tribunal Federal com força normativa para as instâncias inferiores da Justiça e as administrações públicas. Pode conferir ao STF virtual poder legislativo em nível constitucional. Tem o mérito de desobrigar o Supremo de milhares de julgamentos repetitivos. Mas é uma espécie de cunha do direito anglo-saxão (*Common Law*) inserida no nosso sistema jurídico, que é estatutário porquanto herdeiro legítimo do Direito Romano. Vale a pena testá-la, pois somente o tempo dirá de sua congruência, oportunidade e eficácia.

A questão do custo das decisões da Justiça ocupou boa parte da reunião. Constatou-se que ele é muito elevado por causa da extrema complexidade do processo decisório e executivo da prestação jurisdicional. Espantosa lentidão contrasta com a rápida aceleração dos tempos econômicos e sociais. Uma miríade de apelações e recursos de toda natureza enreda a Justiça em confuso labirinto, com repetidas idas e vindas, tornando imprevisíveis tanto os prazos quanto os resultados dos julgamentos. Degrada, quando não desqualifica, as sentenças de primeira instância, estas, por seu turno, muitas vezes contaminadas de parcialidades. Pois, mais que nas colegiadas, nas decisões singulares coabitam razão e emoção: no dizer de Aristóteles (em *Ética a Nicômaco*), uma razão que contém desejo e um desejo que se infiltra na razão.

A modernização da Justiça depende grandemente de novos recursos: financeiros, tecnológicos, humanos. A criação do Conselho Nacional de Justiça, órgão de controle administrativo, financeiro e funcional proposto na emenda constitucional relatada pelo senador

José Jorge, poderá ajudar na obtenção deles, pois abre novas interfaces entre o Poder Judiciário e a sociedade. O desafio, porém, deve ser essencialmente enfrentado pelo próprio Poder Judiciário. Foi importante saber do ministro Nelson Jobim que ele está comprometido a vencê-lo.

Publicado no *Diario de Pernambuco*, terça-feira, 15 de junho de 2004.

Quem tem medo da Alca?

A ÚLTIMA REUNIÃO DOS co-presidentes do Comitê de Negociações da Área de Livre Comércio das Américas, Alca, ocorrida em Washington, D.C., nos dias 22 e 23 de fevereiro passado (2004), foi virtualmente ignorada pela mídia. É que ela produziu mais uma lacônica e insossa declaração conjunta dos dois presidentes (os representantes dos Estados Unidos e do Brasil). Eles manifestaram-se otimistas sobre os resultados alcançados apenas para mascarar mais um encontro pragmaticamente vazio.

A versão contemporânea da integração pan-americana foi lançada pelo presidente George Bush, o pai, há 15 anos. Chamando-se Iniciativa para as Américas, reconheceu na economia de mercado a chave para o progresso e a democracia. E propôs uma zona livre de comércio estendendo-se do Alasca à Terra do Fogo.

Hábil lance geopolítico, a proposta não prosperou no continente. Foi apenas formal o apoio da maioria dos governos, grande a cautela de empresariados tementes do poderio econômico dos EUA, forte a suspeita da *intelligentsia* do que poderia ser mais uma investida imperial norte-americana.

O presidente George W. Bush, o filho, além das juras de morte ao ditador Saddam Hussein, herdou também do pai a idéia de um mercado pan-americano liderado pelos Estados Unidos. A Alca é a sua versão para esse desígnio.

Arrastam-se, entretanto, além do razoável, as negociações para viabilizá-la. Hoje, a Alca encontra-se praticamente bloqueada por impasses e indecisões. Tanto da parte dos Estados Unidos quanto do Brasil.

Os EUA não deverão abrir substancialmente o mercado para produtos agrícolas. Nem vislumbram no horizonte qualquer redução importante nos subsídios governamentais ao *agribusiness*. Nos últimos dois anos, negociaram acordos bilaterais de livre comércio com todos os países hemisféricos, exceto a Venezuela e os membros do Mercosul (quatro países) e do Caricom (Mercado Comum e Comunidade do Caribe, com 14 países, além de Cuba, simples observadora). Não manifestam qualquer interesse em negociar com o Mercosul. E exigem do Brasil irrestrito respeito aos direitos de propriedade intelectual como condição para destravar o diálogo.

No Brasil, tanto parte do governo quanto alguns setores produtivos e muitos formadores de opinião opõem-se, aberta ou veladamente, à Alca, optando antes por concluir as negociações, igualmente problemáticas, com a União Européia. Sabe-se que, em curto e médio prazos, a Alca trará poucos benefícios comerciais ao país: mais de 2/3 de nossas exportações não sofrem quaisquer imposições, tarifárias ou não, no mercado norte-americano. E já se viu que os acordos de livre comércio firmados pelos EUA com Canadá, México, Chile e outros países andinos prejudicam o Brasil ao assegurar importantes vantagens competitivas naqueles mercados para o país ianque.

A segunda maior economia das Américas não está, pois, em relação à Alca, na melhor das situações. Não pode eximir-se de participar dessa iniciativa e ver-se insulada, economicamente, em seu próprio espaço geopolítico. Busca empurrar os entendimentos envolvendo o Mercosul (que não vive seus melhores dias) e a União Européia, os quais, entretanto, emperram. E sente que sua vocação como país é a de um *global trader*, importando-lhe, nessa condição, muito mais as tratativas multilaterais que ora se desenvolvem no âmbito da Organização Mundial do Comércio, OMC.

É possível conciliar esses objetivos, que não são necessariamente conflitantes. Falta é trilhar, com firmeza e a tempo, os caminhos certos para alcançá-los.

Publicado no *Jornal do Commercio*, quinta-feira,
10 de março de 2005.

O Ministério das Cidades

CRIADO PELO NOVO GOVERNO juntamente com vários outros órgãos públicos, o Ministério das Cidades já nasceu dotado de amplas competências. De acordo com a medida provisória que o instituiu e tem imediata força de lei, cabe-lhe formular as políticas de desenvolvimento urbano, habitação, saneamento ambiental, transporte urbano e trânsito; promover, em articulação com os estados e municípios, a iniciativa privada e as organizações não-governamentais, ações e programas nessas áreas; e planejar, regular, normalizar e gerir a aplicação de recursos a eles destinados.

É bem-vindo o novel Ministério.

De um lado, porque o Brasil é, na riqueza ou na pobreza, sociedade predominantemente urbana: com mais de 80% da população vivendo nas cidades, que geram mais de 90% do PIB; e com 47,4 milhões de pobres urbanos (82% do total de pobres do país) e 11,5 milhões de extremamente pobres (73%).

De outro lado, porque a questão urbana nacional somente foi tratada pela União de forma ordenada e razoavelmente eficaz na década de 1970 e na primeira metade dos anos 1980. Com a Nova República, os organismos federais incumbidos de enfrentá-la sofreram seguidas tormentas institucionais, que acabaram determinando sua extinção. E houve descuidada e descontínua atenção às cidades durante todo o decênio passado.

Resta agora torcer para que a União volte a capacitar-se para essa fundamental missão. E que o faça a partir de adequada visualização do sistema urbano nacional e do novo papel das cidades no desenvolvimento.

No sistema urbano brasileiro, São Paulo e Rio de Janeiro são estrelas de primeira grandeza. São Paulo, sobretudo, e, mais adequadamente, uma Região Urbana Global São Paulo–Rio de Janeiro, podem ser consideradas cidades mundiais. De segunda grandeza são as metrópoles nacionais, entre elas o Recife, Salvador e Fortaleza, as três cabeças do subsistema urbano do Nordeste.

Enquanto cidades mundiais, São Paulo e Rio de Janeiro devem aparelhar-se para carrear para o Brasil, essencialmente através de mecanismos de mercado e pelo uso intenso das tecnologias da informação e comunicação, os benefícios da globalização.

Elas são os *loci* nacionais por excelência do processo, sem fronteiras, de acumulação e repartição, em escala planetária, da renda e da riqueza. Devendo desempenhar funções de centros financeiros, sedes de grandes corporações, bases das complexas redes de serviços modernos em que se apóiam as transações globais. E integrar o sistema mundial de cidades ainda em formação, atuando em suas interfaces com o sistema nacional: com atribuições de comando, disseminação e controle do processo de desenvolvimento e de inserção competitiva dinâmica do país na globalização.

As metrópoles do Nordeste devem organizar, cada uma delas em seus espaços de influência dominante e em interação com São Paulo–Rio de Janeiro, os processos de integração da região no país e de sua inserção global. Sendo secundadas nesta tarefa por outros centros regionais, constituídos pelas demais capitais dos estados e outras cidades de porte ou localização estratégica.

Tanto as metrópoles quanto os centros regionais precisam ser dotados de infra-estruturas e serviços eficientes e competitivos, que contemplam: os voltados à produção e melhoria da qualidade de vida (energia, transportes, comunicações, abastecimento d'água, saneamento básico, limpeza urbana, educação, saúde, segurança pública, lazer, cultura); e os serviços corporativos (gerência, marketing, publicidade, informática). Cabendo enfrentar as vulnerabilidades que esses sítios urbanos apresentam, entre elas as representadas pela questão social, em especial a pobreza crítica e o desemprego, e pela questão ambiental.

Publicado no *Diario de Pernambuco*, domingo, 9 de fevereiro de 2003 (em "Carta ao Leitor", com foto do autor).

Réquiem para a Sudene

RELEVOU-SE HÁ POUCOS DIAS em Brasília, em inusitado ato do Estado-espetáculo, a extinção da Sudene e de sua irmã, a Sudam, sepultadas na mesma cova rasa e sob o anúncio de que continuariam exalando entranhadas podridões. As duas entidades podem ter adquirido graves vícios, cometido imperdoáveis pecados. Seria porém injusto negar-lhes as virtudes, descreditar-lhes os acertos.

Em junho de 2000, reuniram-se no Seminário Internacional Celso Furtado, a Sudene e o Futuro do Nordeste renomados especialistas em desenvolvimento, brasileiros e estrangeiros. Comemoravam-se os 40 anos da Sudene, presente o fundador Furtado, homenageado também por seus 80 anos.

Naquela como em outras oportunidades, avaliação do evoluir econômico-social do Nordeste nas últimas décadas concluiu que, graças especialmente à Sudene, a região crescera mais do que o Brasil, industrializara-se aceleradamente, avançara no social, chegando a reduzir pela metade a incidência de pobreza.

Reconheceu-se, é certo, que persistiam as disparidades espaciais e sociais de renda, as vulnerabilidades do semi-árido, as insuficiências de capital humano. Desafios esses que poderiam ser enfrentados pelo Nordeste com o impulso de uma Sudene retemperada tecnicamente, revigorada politicamente, a partir de novo pacto federativo regional. Uma Sudene aparelhada de estratégia de desenvolvimento capaz de viabilizar inserção competitiva dinâmica do Nordeste no país e na economia global; dotada de novos instrumentos de atração de investimentos, promoção de exportações, formação de recursos humanos, criação de empregos, redução das desigualdades, transformação do semi-árido.

Aos 40 anos, a Sudene, mesmo esvaziada, resistia, embora ameaçada. Sucumbiu agora, com o estigma de antro de corrupção, ante fortes suspeitas de irregularidades no Finor, nebulosas ainda, e sem autores identificados. Arrastada por fatos semelhantes constatados na Sudam, é possível que mais bem comprovados.

Pelo que se pode depreender da medida provisória que a criou, a agência de desenvolvimento no Nordeste, Adene, é um símile, embora acanhado, da velha Sudene. Como ela, é uma autarquia vinculada ao Ministério de Integração Nacional, com as mesmas antigas competências. É gestora do Fundo de Desenvolvimento do Nordeste, que substitui e incorpora o Finor. Mas perde a força política de seu Conselho Deliberativo, renomeado Conselho Deliberativo para o Desenvolvimento do Nordeste, que passa a ser órgão do Ministério da Integração Nacional. (Com quais membros? Sediado em Brasília?)

Se sobrou coragem para extinguir a Sudene, terá faltado inspiração para pôr em seu lugar agência de desenvolvimento inovadora, compatível às grandes transformações por que passam as economias e sociedades regional, nacional e mundial. E sensibilidade para adequá-la às peculiaridades regionais: a Adene é gêmea univitelina da ADA, sua contraparte para a Amazônia, simetria institucional que ignora as grandes diferenças entre um Nordeste seco e densamente povoado e um Norte úmido e demograficamente ralo.

Publicado no *Diario de Pernambuco*, quinta-feira,
17 de maio de 2001.

A Sudene rediviva

A DECISÃO DO PRESIDENTE eleito Luiz Inácio Lula da Silva de ressuscitar a Sudene, extinta em decisão infeliz e substituída por precário simulacro dela, a Adene, constitui oportunidade de dotar o Nordeste de entidade que, além de sintonizada aos novos tempos, seja credível e eficaz em promover o desenvolvimento.

Não se trata, obviamente, de restaurar apenas o nome da Sudene, referência histórica do progresso regional. E de fazer outros reparos e remendos menores na medida provisória que criou a Adene, em tramitação no Congresso Nacional e já reeditada tantas vezes. Trata-se, sim, de repensar a Sudene: em sua missão, natureza, espaço de atuação, prioridades, instrumentos.

Note-se que qualquer entidade deve ser instituída com fins claramente estabelecidos. No caso da Sudene (ou da Adene), sua finalidade precípua é a coordenação da execução de uma estratégia de desenvolvimento para o Nordeste. Foi o que ocorreu, em 1959, quando se criou a Sudene. Seu breviário foi o documento *Uma política de desenvolvimento econômico para o Nordeste*, elaborado por Celso Furtado. A missão, executá-la. A concepção, adequada a esse propósito. Agir diferentemente é pôr o carro à frente dos bois.

Em sua natureza, a nova Sudene deve inserir-se nas interfaces entre o público e o privado. No organismo da sociedade, decisões e ações processam-se em duas esferas institucionais distintas: a esfera pública, minguante, representada pelo Estado; e a esfera privada, crescente, ocupada pelo mercado. Hoje, essas duas instâncias interagem multiplamente e não enquadram as organizações de modo rígido. Há entidades que, sendo privadas, movem-se pelo interesse público. E outras que, sendo públicas, pautam-se pelo mercado. A nova Sudene poderia ser uma organização social de interesse público. Autônoma e flexível como uma empresa privada. Voltada para o bem comum e dotada de múnus público. Resultante de um novo pacto político regional, envolvendo os estados federados e a sociedade, e patrocinado pela União.

A área de atuação da nova Sudene deveria restringir-se aos nove estados do Nordeste, o espaço de sua identidade. Persistir ampliando-o descaracteriza e confunde. Outras regiões e estados serão melhor e mais eficazmente servidos por órgãos e programas especiais mais adequados a suas realidades.

Há novas e velhas prioridades para desenvolver o Nordeste. Nova é a necessidade de inserção dinâmica e sustentada da região nos mercados nacional e global através do aumento das exportações, que depende da criação e manutenção de vantagens competitivas. Nova é a ênfase a conferir ao conhecimento como fator de produção por excelência, que pressupõe a universalização de educação básica de qualidade, o domínio e aplicação da ciência e da tecnologia e processo continuado de inovação. Velhas prioridades continuam sendo enfrentar, na dimensão adequada, a questão do semi-árido, reduzir efetivamente a pobreza, ampliar o quanto possível o emprego.

Os novos instrumentos podem ser um orçamento de investimentos prioritários do Nordeste, em capital físico e humano, somando recursos públicos e privados; a atração de novos investimentos, nacionais e externos; a promoção de exportações. Sem esquecer mecanismos como o velho Finor, que poderá renascer das cinzas na forma de um importante fundo de participação no capital de empreendimentos privados, de grande impacto sobre o crescimento e o desenvolvimento regionais.

Publicado no *Diario de Pernambuco*, quinta-feira, 5 de dezembro de 2002.

Meio Ambiente

Desafios da biodiversidade

A BIODIVERSIDADE, seu conhecimento e conservação, a biotecnologia, a bioindústria ganham espaço crescente na agenda nacional.

Os grandes jornais, as revistas de maior circulação, a mídia em geral vêm-lhes dedicando amplas matérias, quase sempre focalizadas na Amazônia. Em Brasília, pelo menos dois Ministérios, os do Meio Ambiente e Ciência e Tecnologia, conferem-lhes elevada prioridade. E tramita no Congresso Nacional medida provisória que regula o acesso aos recursos bióticos do país. Muitas entidades formadoras de opinião, como a Fundação de Amparo à Pesquisa do Estado de São Paulo, Fapesp, o Fórum Nacional (Rio de Janeiro) e a Fundação Joaquim Nabuco (Pernambuco), estudam, debatem ou examinam o tema, mesmo não sendo nele especializadas.

Em 1995, o Programa das Nações Unidas para o Meio Ambiente, Pnuma, avaliou em 13 milhões os organismos vivos da Terra. Cerca de 1,5 milhão das espécies desse patrimônio biótico planetário está catalogado, encontrando-se nos trópicos, especialmente das Américas, a maior parte das formas de vida ainda desconhecidas.

O Brasil é o campeão mundial da megadiversidade, abrigando cerca de três milhões de espécies (20% do seu total). Menos de 300 mil delas (10%) são conhecidas e classificadas cientificamente. E não mais de 1% (três mil espécies) já terá sido objeto de alguma caracterização genética. A Mata Atlântica é o bioma brasileiro mais bem estudado; a caatinga e o pantanal, os menos conhecidos.

Duas fronteiras, a do conhecimento e a da conservação dos recursos naturais, devem unir-se, interagindo dinamicamente, para que o Brasil possa transformar seu patrimônio genético em alavanca de progresso. Nesse encontro, necessário, a biotecnologia tem importância estratégica. Seu grande desafio consiste em identificar, principalmente no imenso e desconhecido banco de vida da Amazônia, as espécies de interesse econômico e em mapear-lhes os genomas – procedendo, em especial, à decifração dos códigos genéticos. Eles constituem o ponto de partida para o desenvolvimento da produção e exportação de fármacos, corantes naturais, bioinseticidas, cosméticos, aminoácidos, proteínas e muito mais.

O mercado brasileiro de biotecnologia ainda é muito pequeno (US$ 500 milhões) comparativamente ao mundial (US$ 500 bilhões) ou ao comércio internacional de produtos farmacêuticos com componentes oriundos das florestas tropicais (US$ 40 bilhões).

Mas o país progrediu nos últimos anos em pesquisa aplicada à biodiversidade. O Programa de Biotecnologia e Recursos Genéticos do Governo Federal pretende investir, até 2003, cerca de US$ 100 milhões. O Projeto Genoma Funcional, da Embrapa, empenha-se em decifrar os DNAs da soja, do feijão, do milho, da cenoura, visando a transferir genes entre espécies para agregar-lhes valor e a desenvolver culturas mais adequadas aos trópicos. A Fundação de Amparo à Pesquisa do Estado de São Paulo, Fapesp, financia o Projeto Biota, que busca decifrar o código genético de espécies vegetais importantes, entre elas a cana-de-açúcar.

Constrói-se em Manaus o Centro de Biotecnologia da Amazônia, CBA. A empresa brasileira Extracta associou-se à transnacional GlaxoSmithKline na pesquisa de alvos biológicos de doenças, já tendo coletado, para testes, 3.500 espécies de plantas da Mata Atlântica e montado banco de extratos com 30 mil substâncias. E a Natura (vendas anuais de US$ 1,4 bilhão) comercializa cosméticos baseados em plantas brasileiras.

Aos poucos, o Brasil vai se afirmando como potência latino-americana em biotecnologia, ao lado da Argentina e de Cuba. Tem, relativamente a esses países, as vantagens competitivas da grande riqueza biótica e de base científico-tecnológica mais diversificada.

Publicado no Diario de Pernambuco, quinta-feira,
1º de novembro de 2001.

Água para o semi-árido

A QUESTÃO DOS RECURSOS hídricos integra, com elevada prioridade, qualquer agenda de desenvolvimento para o Nordeste. De seu enfrentamento eficaz depende o futuro do semi-árido.

Esse vasto bolsão interior, com 819,7 mil km², corresponde a 53% da região. Tem 20 milhões de habitantes (41% dos nordestinos), PIB, em dólares internacionais, de PPC$ 36,2 bilhões (23% do regional) e PIB per capita de PPC$ 1,8 mil, equivalente a 54% do nordestino e apenas 25% do brasileiro.

Há hoje consenso de que o semi-árido vem padecendo insuficiência crônica de água. Ela se agrava a cada dia: devido aos baixos níveis médios de pluviosidade, à gradual impermeabilização dos solos, ao crescimento demográfico e urbano, à marcha da desertificação. E configura-se espacialmente como "vazios hídricos": subáreas com déficits permanentes de água, atuais ou potenciais, disseminadas por oito estados (do Piauí à Bahia).

Para preenchê-los, é preciso importar água de outras regiões, pois os recursos hídricos locais (a soma dos escoamentos naturais médios de água, de superfície e de base) não bastam à demanda. Como gerenciar os recursos hídricos obtidos localmente é conviver com escassez crescente, a alternativa é importar água de outras regiões do país (o Brasil, com 2,5% da população mundial, detém mais de

20% dos recursos globais de água doce) ou reduzir a população, o crescimento econômico e o desenvolvimento.

Nos anos 1990, a Codevasf dimensionou em 1.000 m³/s o déficit potencial de suprimento d'água da região semi-árida do Nordeste. Propôs três caminhos para preenchê-lo: (1) a gestão integrada dos recursos hídricos locais (inclusive já acumulados em reservatórios), gerando 170 m³/s adicionais de água, 17% do déficit; (2) o aumento da vazão regularizada do rio São Francisco mediante barragens em seis de seus afluentes, gerando volume d'água suplementar de 180 m³/s, a ser transportado para os vazios hídricos (18% do déficit); (3) o aporte adicional de 650 m³/s de água para a bacia do rio São Francisco, provindos das bacias do Tocantins e Paraná (o restante do déficit). Essa proposta, transformada em projeto, seria executada em 20 anos, com custo estimado em US$ 20 bilhões (valor equivalente ao PIB do semi-árido em 2000).

O projeto hídrico atual para a região, patrocinado pelo presidente Lula, é bem mais modesto. A um custo estimado em US$ 1,5 bilhão, ele pretende captar até 127 m³/s de água no São Francisco, transpondo-os para beneficiar subáreas do semi-árido nos estados do Ceará (40 m³/s), Rio Grande do Norte (39 m³/s), Pernambuco (28 m³/s) e Paraíba (20 m³/s).

Cabe examiná-lo sem *parti pris*. Pois o projeto afigura-se uma iniciativa, dentre outras, inclusive a ele complementares, voltadas à solução mais ampla espacialmente, e de mais longo prazo, para a principal vulnerabilidade dos sertões.

Poucos haverão de discordar que é importante assegurar a revitalização do rio São Francisco, nela incluída a regularização de sua vazão média, de modo a elevar, ao invés de reduzir, o volume d'água atualmente disponível, no próprio rio, para outras finalidades.

São certamente imprescindíveis ações efetivas de gestão eficiente dos recursos hídricos nos vazios hídricos de todo o semi-árido, contemplando as fontes de água, superficial e subterrânea, seus regimes e providências destinadas à proteção, preservação e ampliação dos mananciais; o aproveitamento das obras hidráulicas existentes, tais como açudes, canais, poços, sistemas de distribuição e tratamento; o balanceamento, com visão intertemporal, entre a oferta e a demanda de recursos hídricos, voltado para a otimização de um bem que é escasso.

É fundamental que sejam logo adotadas medidas para ampliar a utilização, nas áreas diretamente beneficiadas, do potencial irrigável: mediante a atração de empreendimentos utilizando inicialmente as disponibilidades hídricas locais, a serem mais tarde ampliados com o aporte das águas novas captadas pelo projeto.

Condenar liminarmente o projeto, contudo, é atitude que em nada ajuda aos sofridos sertões nordestinos.

Publicado no *Jornal do Commercio*, 29 de maio de 2005.

O futuro da Amazônia

SUPERIOR AO BRASILEIRO (quase 7% ao ano, comparados com 4%), o crescimento econômico da Amazônia (1970-2002) foi impulsionado pela indústria incentivada da Zona Franca de Manaus e por grandes projetos minerometalúrgicos (ferro, cassiterita, bauxita), energéticos (hidrelétricos), madeireiros (madeira, carvão, celulose), agropecuários.

A estrutura produtiva resultante, porém, de um lado guarda relação tênue com a base de recursos naturais da região. Do outro, repete e amplia paradigma predatório dos recursos naturais, ameaçando o meio ambiente e a biodiversidade.

Cabe atualizá-la, mediante eficaz aplicação da ciência e da tecnologia como ferramentas de um novo relacionamento entre o homem e a natureza. Bifronte, essa interação deve integrar e harmonizar duas fronteiras: a fronteira dos recursos e a fronteira do conhecimento. Superando modos pretéritos de ocupação do espaço ao incorporar a necessidade da conservação e reprodução sustentadas da flora e da fauna. Comandando uso descontínuo e seletivo do território. Valorizando a diversidade e a qualidade em vez da uniformidade e da quantidade.

Relevante é o emprego da biotecnologia em geral e da engenharia genética em particular nos processos produtivos que utilizem os recursos bióticos como matérias-primas (na Amazônia, a riqueza é a floresta, e não o solo). Importando progredir tanto no conhecimento da biodiversidade regional quanto na efetividade dos direitos de propriedade sobre o uso das espécies naturais mais valiosas. E evoluir no inventário das biotecnologias bem como em sua utilização no desenvolvimento de novos produtos, intensivos em conhecimento e de múltiplas aplicações: na agropecuária, agronegócio, indústrias química, farmacêutica e de cosméticos, no próprio controle do meio ambiente.

Para tornar realidade um pólo de bioindústrias na Amazônia, é importante que o hiato tecnológico existente entre a região e os centros nacionais e mundiais mais avançados vá sendo logo preenchido. O que demanda capacitação científica e técnica e o estabelecimento de parcerias com entidades, nacionais e mundiais, que estejam na linha de frente dos processos de geração e aplicação desses conhecimentos.

A região revela hoje oportunidades de investimento na cosmética farmacêutica (óleos finos de castanha-do-pará e de polpas de frutos diversos; sabonetes naturais; óleos essenciais e perfumes; pilocarpina); nos inseticidas, insetífugas e assemelhados (derivados da raiz de timbó, da madeira de quina, das sementes de andiroba; das folhas de pimenta longa, entre outros); na produção de alimentos (óleos vegetais; aromas e sabores, corantes e gomas de mascar naturais, nutrientes especiais, derivados de frutos e de peixes).

Cabe, entretanto, referir que a importância econômica dos recursos genéticos da Amazônia ainda é de difícil mensuração, pois, sobre eles, sabe-se muito menos do que se ignora. Admite-se que sua importância será estrategicamente maior na indústria farmacêutica, pois cerca de 25% dos fitoterápicos mundialmente comercializados originam-se de espécies vegetais das florestas tropicais. A indústria de cosméticos, contudo, partiu mais cedo, tendo várias iniciativas empresariais em curso: a produção de bixina (pigmento do grão de urucum) para a fabricação de batom nos Estados Unidos; a produção de óleo bruto de castanha-do-pará para indústria cosmética britânica; a utilização, por empresas brasileiras de cosméticos, de vários princípios provindos da flora amazônica.

Apenas começa um futuro de muitas promessas.

Publicado no *Jornal do Commercio*, domingo, 12 de junho de 2005.

PROSPECTIVA

Por um projeto de país

A IDÉIA DE PROGRESSO foi produzida e difundida pelo Iluminismo. Explicá-la tornou-se desde então uma das questões centrais da filosofia da História.

Os pensadores modernos – Vico, Condorcet, Kant, Proudhon, Comte, Mill, Hegel, Marx – não conceberam nem interpretaram o progresso do mesmo modo. Todos eles, porém, viram a História como a gradual mas firme marcha da civilização. O pensamento antigo, ao contrário, cultivou visão da História como repetição cíclica de apogeus e declínios. O pessimismo de Spengler, um moderno, nunca alcançou as alturas da imprecação do Eclesiastes: "O que foi, será, o que se fez se tornará a fazer; e nada há de novo debaixo do sol!"

O progresso enquanto fato foi certamente constatado e examinado seja pelos antigos, seja pelos modernos. Mas somente os modernos viram o progresso como idéia, isto é, uma referência para o futuro, um objetivo. Ao narrar o fausto das cidades do Peloponeso do século IV a.C., Tucídides não enxergou à frente nada que pudesse superar em grandeza o tempo de Péricles. Mas Adam Smith buscou as causas da riqueza das nações da Europa do último quartel do século XVIII com a finalidade de reproduzi-la e ampliá-la. Tornando-se, portanto, um promotor da idéia de progresso. Vendo o passado e o presente de olho no futuro.

O desenvolvimento, processo de permanente transformação da sociedade, é um novo nome para o progresso. Por isso, sua compreensão dificilmente se esclarece sem o recurso à noção de sentido, direção, propósito. São três as finalidades que lhe são imputadas: a eficiência, a eqüidade e a liberdade. A eficiência é comumente vista como objetivo mais econômico, a eqüidade é objetivo mais social e a liberdade, objetivo mais político.

Todo o drama político contemporâneo tem girado em torno da conciliação dos objetivos liberdade e eqüidade. A opção liberal – utópica por ignorar que o exercício da liberdade supõe certas condições materiais de vida e bem-estar – imolou em seus altares até aquele mínimo de eqüidade imprescindível à ordem e harmonia sociais. A opção igualitária – fundada em ideologia que nega característica intrinsecamente humana, a diversidade – somente se impôs por sobre o sacrifício das liberdades e do pluralismo.

A opção pela eficiência, ausente do ideário político, é, entretanto, sempre necessária (embora insuficiente): tanto por si mesma quanto para que se alcancem mais liberdade e eqüidade. Ela é fundamental à consecução dos "objetivos fundamentais" do Brasil: "construir uma sociedade justa, livre e solidária"; "garantir o desenvolvimento nacional"; "erradicar a pobreza e a marginalização e reduzir as desigualdades sociais e regionais"; "promover o bem de todos" (Constituição, artigo 3º). Pois a eficiência, do mesmo modo que a liberdade e a igualdade, se coloca assim no plano econômico (da produção) como no social (da interação humana) e no político (da gestão pública, da resolução arbitrada de conflitos).

Há mais de duas décadas o Brasil não dispõe de um projeto nacional explícito. Embora haja razoável consenso quanto ao tipo de sociedade desejada – livre, justa, eficiente –, vários são os caminhos para alcançá-la, muitos os *trade-offs* possíveis entre liberdade, eqüidade e eficiência.

Os limites mínimos de cada um dos três vetores estão se tornando cada dia mais críticos, reduzindo os espaços de manobra e tornando a definição da trajetória de evolução do país um grande desafio político e técnico.

Ter clareza, compartilhada pelas esferas pública e privada da sociedade, quanto à estratégia de desenvolvimento é essencial para a maior eficácia e efetividade da miríade de decisões relevantes a ser tomadas cada dia em prol do progresso nacional.

Publicado no *Jornal do Commercio*, domingo, 12 de setembro de 2004.

Além da retórica do crescimento

QUEM EXAMINAR a evolução de longo prazo da economia brasileira pode facilmente concluir que ela se embrenhou nas últimas décadas em dantesca selva escura, perdendo o caminho do crescimento.

De 1900 a 1980, a expansão do PIB, total e per capita, foi exemplarmente elevada: alcançou respectivamente 5,7% e 3,2% ao ano, situando-se entre as mais altas do mundo. O decênio de 1970 foi o que apresentou resultados mais espetaculares, com crescimento de 8,6% anuais para o PIB e de 5,8% para a renda per capita.

O período subseqüente, 1980-2003, foi, entretanto, um desperdício para o crescimento: pífios 1,4% ao ano, em média, para o PIB; insignificantes 0,15% para o PIB per capita. Nos três primeiros anos deste século, a economia cresceu menos de 1% ao ano, com a renda média das pessoas decrescendo 0,4%. Foi desempenho pior que o da chamada "década perdida", a de 1980.

No mesmo passo que a economia foi se tornando anêmica, quase exangue, mais e mais se inflamou a retórica do crescimento: a ponto de enrubescer os santos de todos os altares. É este o triste paradoxo que o país vivencia há quase um quarto de século: promessas vazias, desilusões certas. Sucessivos planos (Cruzado, Bresser, Collor) não remediaram a inflação, rebelde, recorrente; nem asseguraram o crescimento, instável, fugidio. Em meados da década passada, o Plano Real obteve êxito no controle da inflação, que se aquietou em patamares toleráveis. Não assegurou, porém, o crescimento, sempre lábil, além de medianamente baixo. E agravou os déficits externo e público, além do desemprego. Nos três últimos anos, logrou-se equilíbrio fiscal (enganoso, pois, no conceito adotado, exclui das despesas públicas seu encargo maior, o serviço da dívida) e equilíbrio externo (via aumento das exportações). Mas isso custou o sacrifício do crescimento, negativo no ano passado; agravou a escalada do desemprego; gerou severa contração do mercado interno.

Foi quando se exasperou, em reação paradoxal, a retórica do crescimento. Muitos garantiram para logo (um logo que vem sendo adiado) o crescimento sustentado (para alguns "sustentável"...); os mais entusiasmados anunciaram, sem revelar o enredo e a partitura, um novo show de crescimento. Ninguém atentou para o fato de que, no Brasil dos últimos 100 ou mais anos, crescimento alto (acima de 5% anuais) e continuado (por três anos ou mais) foi fenômeno raro: ocorreu apenas, e sob condições especialíssimas, em 1948-1950, 1957-1962 e 1968-1976.

Embora sempre almejando o crescimento elevado e sustentado, seria sensato postular para a economia nacional neste resto de década objetivo mais modesto e viável: crescimento do PIB, no período 2004-2010, da ordem de 4% anuais (e de 2,8% para o PIB per capita). É certo que esses valores estão abaixo da média brasileira para o PIB do período 1900-2003, que foi 5% ao ano. Mas estará acima da evolução do PIB per capita, que foi de 2,6%. Para tanto, contudo, será necessário grande e concertado esforço, orientado por uma criativa estratégia de desenvolvimento.

Conciliar baixa inflação e crescimento medianamente elevado, assegurando concomitantemente equilíbrio nas contas públicas e externas e redução do desemprego, não é tarefa corriqueira. Postula sintonia fina na gestão macroeconômica que transcende, em muito, a mera redução da taxa nominal de juros (a maior restrição atual ao crescimento é a insuficiência da demanda interna associada à compressão da renda das famílias e à exacerbação do desemprego). E depende do financiamento de um conjunto bem articulado de projetos estratégicos (em infra-estrutura e atividades diretamente produtivas), alavanca imprescindível a maior dinamismo econômico.

Publicado no *Diario de Pernambuco*, domingo,
18 de abril de 2004 (em "Carta ao Leitor", com foto do autor).

A economia brasileira em perspectiva

MUITAS PESSOAS AINDA reagem com desconfiança às previsões econômicas e, em geral, aos estudos sobre o futuro. Diante deles, o que lhes assalta o pensamento é mais uma bola de cristal, na melhor hipótese certa dose de charlatanismo, do que esforço sério e sistemático de investigação.

No entanto, universidades e outros respeitados centros de altos estudos de todo o mundo continuam dedicando grande atenção à análise prospectiva aplicada aos mais variados campos do conhecimento e da atividade humana. A finalidade desses empreendimentos intelectuais, que mobilizam mentes poderosas e as várias ciências, integradas em perspectiva multidisciplinar, não é desvendar os mistérios do porvir, sempre insondáveis. É procurar reduzir o grau de incerteza, dos indivíduos e das organizações sociais, quando colocados diante de decisões resultantes de cursos de ação que se desdobram ou repercutem no futuro, às vezes por vários anos. Seu objetivo é, pois, essencialmente pragmático.

Nesses tempos de tantas incertezas, tem sido ampla a atenção que a mídia brasileira vem dando às previsões do desempenho da economia nacional para cada novo ano: veiculando desde meros palpites, mais ou menos fundamentados (alguns deles projetando números com espantosa precisão), até estudos prospectivos complexos e elaborados, que incorporam detalhadas análises econômico-financeiras, além de avaliações de riscos políticos.

Há, para 2002, razoável convergência nas projeções mais abalizadas: espera-se que a economia do país cresça cerca de 3%, desempenho superior ao de 2001 (2%); que a inflação decresça de 7% (2001) para 5%; que a balança comercial apresente superávit de US$ 5 bilhões (mais do dobro do obtido em 2001); e que o déficit público nominal reduza-se de 7% para 5% ou mesmo 4% do PIB. E não se prevêem dificuldades no financiamento do déficit em conta corrente do balanço de pagamentos, estimado em US$ 17 bilhões.

São previsões otimistas, que em parte se justificam: seja porque o país vai se libertando (graças quase unicamente às chuvas...) de grave restrição energética; seja porque parece ter desatrelado sua economia da sorte da Argentina (que está se revelando inimitável em sua trágica, incontida marcha para o abismo); seja em decorrência da normalização, após o choque sofrido em setembro do ano passado, da liquidez internacional.

É bom, contudo, lembrar que os cenários, nacionais e mundiais, em que essas projeções se baseiam são "livres de surpresas", isto é, não contemplam os sobressaltos, riscos, sustos ou imprevidências, de origem externa ou interna, que têm assaltado nos últimos anos a economia brasileira.

Duas questões preocupam nesse contexto: o fato de as principais economias mundiais (os Estados Unidos, a União Européia e o Japão) estarem mergulhadas em recessão, sendo muito arriscado, em quaisquer desses casos, prever-lhes os tempos de recuperação; e o fato de o país continuar muito vulnerável a choques financeiros, tanto por causa dos elevados endividamentos público e externo, quanto por depender de vultosos aportes de capitais estrangeiros para o financiamento de seu balanço de pagamentos.

Publicado no *Diario de Pernambuco*, com o título
"A economia em 2002", quinta-feira, 3 de janeiro de 2002.

O Nordeste e o século XXI

É FORA DE DÚVIDA QUE o Nordeste deu, no século XX, um grande salto de desenvolvimento. Evoluiu de sociedade essencialmente rural e economia subdesenvolvida, exportadora de uns poucos produtos de especialização agrotropical (açúcar, cacau, algodão), para sociedade dominantemente urbana e economia industrial e de serviços de porte médio, articulada ao mercado nacional. Essa evolução foi mais intensa e acelerada no período 1940-1980 e se processou sob a égide do nacional-desenvolvimentismo brasileiro (cujos componentes principais foram o estatismo, o protecionismo, a substituição de importações e a integração do mercado nacional).

Nas últimas duas décadas do século passado, a crise do Estado (financeira, gerencial, existencial) determinou redução de seu papel na economia em virtude das privatizações. E a liberalização do mercado interno ao comércio e às finanças internacionais (a chamada abertura) induziu mais ampla inserção do país nos mercados subcontinental (Mercosul) e global.

Essas mudanças abalaram dois dos principais pilares do crescimento regional: os investimentos realizados ou incentivados pela União e o mais fácil acesso de sua produção a mercado nacional protegido da competição externa.

A grande tarefa com que se defronta o Nordeste nos primeiros anos deste século consiste em formular e executar uma nova estratégia de desenvolvimento. Em seu núcleo está uma dupla inserção nas economias brasileira e internacional, ou seja: internacionalização da economia regional capaz de reverter a tendência revelada pelo Nordeste para o insulamento econômico, e expansão de seu intercâmbio com o resto do país via aumento das exportações, de modo a reduzir o déficit do comércio inter-regional, viabilizando integração mais autônoma no mercado do restante do país.

Esta opção econômica básica deve desdobrar-se em todo um conjunto de diretrizes estratégicas que, executadas, criem e mantenham no Nordeste uma economia moderna, capaz de vencer, no século XXI, os novos desafios do crescimento e desenvolvimento.

Torna-se necessário visualizar o Nordeste a partir de configuração espacial e urbana, assentada em logística integrada da infra-estrutura e serviços básicos e com o objetivo de alcançar e manter competitividade sistêmica. Como também deflagrar processo de continuada transformação produtiva que assegure vantagens competitivas dinâmicas. Torna-se ainda crucial para a região a apropriação do conhecimento, entendido como capital humano e se exercendo sob a forma de um diversificado e disseminado conjunto de capacidades e habilidades, intelectivas, lingüísticas, processuais, organizacionais, tecnológicas.

Deve também interessar ao Nordeste do século XXI tanto a expansão do mercado interno quanto seu atendimento predominante com produção regional. Dessa confluência poderá resultar seqüência virtuosa de progresso, potencializada pelos efeitos combinados do crescimento, do aumento da ocupação, da redução da pobreza e da melhoria da distribuição da renda. Desse modo, questões cruciais de uma estratégia social passam a ser condições de viabilidade da própria opção econômica básica.

Publicado no *Diario de Pernambuco*, quinta-feira, 4 de janeiro de 2001 (com ilustração de Mascaro).

Pernambuco e o século XXI

REPORTAGEM RECENTE, publicada pelo *Diario de Pernambuco* (edição de 7 de janeiro de 2001), captou a onda de otimismo, que se encorpa entre executivos públicos, empresários e outros formadores de opinião, com relação às perspectivas de crescimento de Pernambuco nos próximos anos.

Alguns deles consideram que, já em 2001, a economia do estado poderá crescer 5%, mais do que a brasileira (4%): alavancada por grandes empreendimentos públicos em infra-estrutura (transportes, principalmente: BR-232 e outras ligações rodoviárias estratégicas, nova estação de passageiros do Aeroporto dos Guararapes, porto de Suape) e por investimentos privados atraídos para áreas como informática (Porto Digital), *agribusiness*, mineração (gipsita), construção civil, turismo, serviços intensivos em conhecimento (médico-hospitalares, educação superior e cultura, consultoria e marketing, entre outros).

Qualquer previsão numérica de crescimento entre nós é aposta de risco, pois a vulnerabilidade macroeconômica do país, ainda elevada, poderá, ante o menor abalo nas finanças internacionais, frustrar os potenciais de expansão produtiva, tanto do país como de quaisquer de suas regiões ou estados. Mas é alvissareira essa mudança de humor da opinião pública mais esclarecida de Pernambuco – por tantos anos mergulhada no pessimismo, efeito e causa do crescimento anêmico e do desenvolvimento medíocre ocorridos nas últimas duas décadas.

O retorno a clima social favorável ao progresso, traduzindo fundadas expectativas positivas da sociedade quanto ao futuro da economia de Pernambuco, muito deve ao governo Jarbas Vasconcelos. Que avançou persistentemente no ajustamento das finanças públicas. Que viabilizou projetos do porte dos mencionados, em parte empregando os recursos da privatização da Celpe. E que vem procurando atrair a iniciativa privada para investir em atividades diretamente produtivas.

Esta primeira década do século XXI será crucial para o desenvolvimento de Pernambuco. Ao longo dela, vai ser preciso realizar inserção mais ativa, profunda e diferenciada de sua economia nos mercados regional, nacional e internacional. Para tanto, será essencial reduzir o hiato de competitividade sistêmica que nos separa dos estados mais desenvolvidos do país, mediante: (a) modernização, com visão logística integrada, da infra-estrutura de transportes, energia e comunicações e dos serviços correspondentes; (b) superação dos entraves que bloqueiam a fluidez urbana e afetam a eficiência do Recife metropolitano; (c) grande ênfase na formação de recursos humanos (educação básica e qualificação); (d) avanço da ciência-tecnologia e seu emprego, associado a processo de permanente inovação-valorização cultural; e (e) execução de política ambiental que assegure sustentabilidade ao crescimento e desenvolvimento. Como também vai ser necessário esforço continuado de expansão e transformação produtivas, com absorção dos atuais paradigmas tecnológicos e dos novos métodos de gestão dos negócios.

Passos importantes estão sendo dados nessa direção. Mas será longa, e árdua, a viagem que nos conduzirá a uma economia competitiva e dinâmica e a uma sociedade com menos pobreza e desigualdade.

Publicado no *Diario de Pernambuco*, quinta-feira, 18 de janeiro de 2001.

Depois: uma sociedade pós-humana?

EM LIVRO RECENTE, *L'immatériel: connaissance, valeur et capital* (*O imaterial: conhecimento, valor e capital*), Paris, Galilée, 2003, o prestigiado pensador e ensaísta francês André Gorz vê na economia ou sociedade do conhecimento uma nova e mais completa sujeição do homem ao capital. Propõe em seu lugar uma sociedade da inteligência. Mas teme que, na ausência de uma "reforma do espírito", a aliança sem fissuras do capital e da ciência marche em direção a uma "civilização pós-humana", decretando a "obsolescência do corpo e o fim do gênero humano".

O capitalismo moderno, centrado no capital material, vem sendo rapidamente superado por um capitalismo pós-moderno, no qual o capital imaterial, ou capital humano, é o principal fator de produção.

Esse fato, observa Gorz, está suscitando grandes metamorfoses no mercado de trabalho. O trabalho simples, material, mensurável em unidades de produto que, desde Adam Smith até o fordismo, foi padrão de valor, está sendo substituído pelo trabalho do toyotismo, complexo, imaterial, expressando-se na co-gestão de um fluxo contínuo de informações. Trabalho cujo valor, dificilmente quantificável, origina-se menos no conhecimento objetivo, técnico dos trabalhadores. E mais em sua inteligência, imaginação, habilidade de comunicar-se, em suas capacidades expressivas e cooperativas, de valer-se dos saberes do cotidiano.

É esse capital humano – toda uma bagagem de cultura resultante do processo de autoprodução de indivíduos em permanente interação no trabalho e, em geral, no mundo vivido – que os trabalhadores doam à empresa, numa entrega total. Ele se torna o principal capital delas, sua maior riqueza.

Para o neomarxista André Gorz, essa submissão da pessoa humana aos grilhões do capital vem dando fôlego à crise do capitalismo, que se vale de um recurso abundante, a inteligência humana, para superar-se. Mas está agravando a crise, correlata, do emprego: com mais desocupação, subemprego, informalidade e intermitência, atingindo sobretudo os menos qualificados; e com o decorrente estreitamento do mercado de consumo inibindo a produção e reduzindo o lucro.

Somente uma nova economia libertará o homem de sua submissão ao capital e superará o impasse para o qual se encaminha o capitalismo.

Dessa dupla superação, conduzida por uma parte dissidente da nata do capital humano (nutrida na Internet, antiprodutivista e antiestatista) em aliança com ambientalistas, sindicalistas, feministas, desempregados, marginalizados, surgirá a sociedade da inteligência. Sua missão e valor centrais serão a "cultura no sentido de *Bildung*": o cultivo dos sentidos, do afeto, do corpo; a construção do espírito, da verdadeira riqueza, de uma nova ética.

A alimentá-la, uma "renda de existência" suficiente, incondicional (no sentido de desvinculada do trabalho), universal. Pois "a riqueza social produzida é um bem coletivo e a contribuição de cada um em sua criação nunca foi, é muito menos hoje, medível".

A essa visão do Paraíso, de fazer inveja aos que, no Brasil, defendem a renda mínima, **André Gorz** vislumbra antípoda terrível: a "civilização pós-humana".

Esse novo tempo resultará de pacto demoníaco, já em curso, entre o capital e a ciência, comandado por outra parcela, hipermoderna e aética, da elite do conhecimento. Nele o homem será visto como obsoleto, um gargalo estrangulando a circulação e processamento da informação e do conhecimento. Isto porque a tecnociência está produzindo um mundo que ultrapassa, contraria e viola o corpo: pelo que dele exige de reações crescentemente aceleradas e intensas, solicitadas pela máquina, já capaz de simular, e mesmo superar, o pensamento.

Para não ser dominado pela máquina, o homem será obrigado a incorporar a seus sistemas nervosos quantidades crescentes de neurônios artificiais. A produção de homens "melhorados", depois clonados ou inteiramente fabricados, será mesmo necessária. Porque para poder controlar máquinas-robôs dotadas de uma inteligência muito superior, a tecnoelite precisará robotizar-se.

Uma nova classe pós-humana dirigirá o mundo, reduzindo toda uma massa inútil de homens a animais domésticos. Ou simplesmente eliminando-a.

Ai dos humanos!

Publicado no *Diario de Pernambuco*, domingo, 29 de junho de 2003 (em "Carta ao Leitor", com foto do autor).

Índice Onomástico

Abel, 189
Acquaviva, Giulio, 160
Adam Smith, 297
Agueh, Florent, 21
Aguiar Neto, Múcio, 72
Alain (Émile-Auguste Chartier), 183
Albuquerque, Matias de, 45
Alves da Silva, Bernardo (dom), 72
Alÿs, Francis, 59
Amado, Jorge, 173
Amaral, Tarsila do, 56
Andrada e Silva, José Bonifácio de, 39
Andrade, Carlos Drummond de, 176
Andrade, Mário de, 57, 177
Andrade, Oswald de, 57
Andrade, Rodrigo M. F. de, 177
Antonia Leão (de Tracunhaém), 240
Antônio (santo), 206
Appy, Bernard, 129
Aristóteles, 270
Aron, Raymond, 89, 223
Arp, Hans, 56
Artaxerxes II, 23, 25
Assis Brasil, Luiz Antonio de, 155
Azulão (mestre), 238

Bacon, Francis, 190
Barbalho, Arnaldo, 212
Barbalho, Luiz, 45
Barleus, Gaspar, 69
Barreto de Meneses, Francisco, 31, 32
Barros, Joezil, 13
Bastos, Márcio Thomaz, 269

Beatrix de Orange-Nassau (rainha), 68
Beltrão, Antônio Carlos de Arruda, 46
Beltrão, Hélio, 46
Beltrão, Maria, 47
Benaki(s), Antonis, 76
Benedito (de Olinda), 236
Bento de Núrsia (são), 71, 72
Bernardes, Sérgio, 238
Bigode (de Olinda), 236
Blair, Tony, 223
Bocage, Manuel M. Barbosa du, 167
Boito, Arrigo, 60, 61
Bonaparte, Napoleão, 29, 37
Boogaart, Ernst van den, 173
Borges, Amaro Francisco, 236
Borges, Joel, 236
Borges, Jorge Luis, 176
Borges, José, 236
Bosi, Alfredo, 155
Bourdieu, Pierre, 143
Braudel, Fernand, 262
Brauner, Victor, 56
Brennand, Ricardo, 65, 68, 69
Bresser Pereira, Luiz Carlos, 128, 300
Breton, André, 56, 57
Brienen, Rebecca Parker, 66
Britto, Jomard Muniz de, 153
Buarque, Chico, 156
Buarque, Cristovam, 264
Busato, Roberto Antônio, 269
Bush, George, 272
Bush, George W., 272

Caboclo, Nhô, 236
Caboclo, Zé, 240
Cabral, Pedro Álvares, 17
Caim, 189, 190
Cálicles, 119
Calmon, Pedro, 35
Câmara, João, 73, 74, 153
Caminha, Pero Vaz de, 17
Camões, Luís de, 167
Campello, Glauco de Oliveira, 163, 164
Campos, Augusto de, 155
Cardoso, Fernando Henrique, 26, 28, 125
Cardoso, Maria Fernanda, 59
Cardozo, José Eduardo, 269
Carloni, Mario (general), 43
Carlos IX, 157
Carneiro Leão, Reinaldo, 72, 79
Carvalho, Flávio de, 54, 56
Castells, Manuel, 192
Cavalcanti de Albuquerque, Roberto, 249
Cavalcanti, Clóvis de Vasconcelos, 264
Cavalcanti, Luiz Otávio, 13, 163, 164
Cavalcanti, Maria Lectícia Monteiro, 172
Cervantes Saavedra, Miguel de, 53, 160, 161, 167
Ciro, o Jovem, 23, 24
Clausewitz, Karl von, 223
Coelho, Nilo, 212
Collor de Mello, Fernando, 300
Comte, Auguste, 89, 297
Condorcet, M.-Jean-Antoine-Nicolas de Caritat, 297
Constant, Benjamim, 39
Correia da Silva, José Antônio, 45
Cortés, Hernán, 48
Costa e Silva, Alberto da, 20, 21, 122, 123, 124
Costa Lima, Luiz, 153
Costa, Janete, 235, 236, 240
Coutinho, Luciano, 129

Cristo, 138
Cristóvão (são), 237, 238
Cunha, Euclides da, 24, 147, 149, 150, 151, 154, 265
Cunha, Paulo Gustavo da, 212

D'Ávila, Garcia, 194
Dahlman, Carl J., 93, 94
Dalí, Salvador, 54
Davi, 197
De Baer, Johannes, 69
De Gaulle, Charles, 197
De la Corte, Juan, 54
Delfim Netto, Antonio, 128
Delivorrias, Angelos, 76
Descartes, René, 183
Dias Leite, Antonio, 128
Dias, Cícero, 56
Dontas, Georgios, 76
Dornelles, Francisco, 248
Dostoievski, Fiordor M., 161
Duarte, Renato, 264
Duguay-Trouin, René, 157
Dumont, Henrique, 180
Durkheim, Émile, 89

Eckhout, Albert, 65, 66, 67, 69
El Greco (Doménico Teotocopoulos), 53, 54
Ernst, Max, 56
Errázuriz Ortúzar, Matias, 198
Esdras, 25
Estrada, Ezequiel M., 197
Eudócio, Manuel, 240

Falcão, Joaquim, 111
Falconière da Cunha, Olímpio, 44
Felipe II (Portugal), 161
Fielding, Henry, 161
Filipe II (Espanha), 53
Filipe III, 53, 161
Filipe IV, 53
Fonseca, Edson Nery da, 153
Ford, Michael Curtis, 23, 24

Fortes, Márcia, 58
Francisco de Assis (são), 72
Frans Post, 54
Frederico Guilherme, o Grande Eleitor, 66
Frederico III (da Dinamarca), 66
Fretter Pico, Otto (general), 44
Freud, Sigmund, 76
Freyre, Gilberto de Mello, 150, 151, 153, 154, 172, 202, 265
Furtado, Celso, 278, 280

Galdino (de Caruaru), 236, 239
Galdino (de Tracunhaém), 239
Galindo, Marcos, 69
Gaman, Rinaldo, 183
Geisel, Ernesto, 108, 213
Getty, J. Paul, 75, 76, 77
Gilpin, Robert, 219, 220
Gladwell, Malcolm, 76, 77
Goethe, Johann Wolf, 161
Gomes, Gustavo Maia, 207, 264, 265
Góngora, Luis de, 167
Gonzaga, Luiz, 238
Gonzaga, Tomás Antônio, 166, 167
Gorz, André, 309, 310
Gouveia, Delmiro, 46
Graciano, Manoel, 239
Graves, Robert, 176
Gueiros, Eraldo, 212
Guerra, Sérgio, 192
Guidon, Niéde, 18
Guignard, Alberto da Veiga, 54, 56
Guimarães Rosa, João, 155

Harrison, Evelyn, 75, 76
Hegel, Georg W. Friedrich, 119, 183, 297
Heidegger, Martin, 183
Heleno (de Tracunhaém), 236, 239
Hélio, Mário, 153, 172
Henry, Raul, 207
Hobbes, Thomas, 190
Hoces y Córdoba, Lope de (dom), 54
Houaiss, Antônio, 172, 173, 174

Hoving, Thomas, 75
Huntington, Samuel P., 231
Hussein, Saddam, 272
Husserl, Edmund, 183

Isabel de Bragança (dona), 39

Jatobá, Jorge, 264
João (das Alagoas), 239
João (são), 206
João I (dom), 29
João V (dom), 29, 210
João VI (dom), 29, 37, 38
Joaquim (são), 210
Jobim, Nelson, 269, 271
José I (dom), 29

Kant, Immanuel, 231, 297
Kierkegaard, Søren, 183
Köchel, Ludwig Ritter von, 63
Krause, Gustavo, 213
Kubitschek, Juscelino, 108, 155

La Fontaine, Jean, 55
Lee, Eddy, 248
Leitão, Ricardo, 13
Leite, José Costa, 236
Lídia (de Tracunhaém), 236, 240
Lima, Alceu Amoroso (Tristão de Athayde), 176
Lima, Jorge de, 57
Lima, José Jorge de Vasconcelos, 269, 271
Long, Charles, 59
Lope de Vega, Félix, 53, 167
Lopes, Ernâni, 26
Lourenço (de Tracunhaém), 236
Luís XIV, 69
Lula da Silva, Luiz Inácio, 125, 128, 280

Maciel, Cláudio Baldino, 269
Maciel, Marco, 170, 171
Magalhães, Agamenon, 46

Magalhães, Aloísio, 177, 178
Magalhães, Joaquim Romero, 206
Magritte, René, 56
Majella, Gerardo (são), 176
Malheiro, Luiz Fernando, 61
Malraux, André, 197
Marcgrave, Georg, 65
Maria Amélia (de Tracunhaém), 240
Marília de Dirceu (Maria Dorotéia de Seixas), 166, 167
Marinheiras, Manoel das, 239
Marinho, Cláudio, 110
Marinho, Roberto, 170
Marliete (de Caruaru), 240
Martins, Luciano, 220
Martins, Maria, 56, 57
Martins, Wilson, 176
Marx, Karl, 89, 183, 297
Mascarenhas de Moraes, João Baptista, 42
Mateus, Augusto, 27
Médici, Emílio G., 108
Médicis, Catarina de, 157, 158
Meira, Silvio, 110
Mello, Evaldo Cabral de, 202
Mello, José Antônio Gonsalves de, 31
Melo Neto, João Cabral de, 155
Melville, Herman, 161
Mendes, Murilo, 57
Mendonça Filho, José, 79
Meneses, José Luiz Mota, 69
Meneses, Luiz Lacerda de, 47
Milhazes, Beatriz, 59
Mill, John Stuart, 297
Milton, John, 148
Miró, Juan, 56, 57
Monet, Claude, 54
Monet, Jean, 229
Montaigne, Michel de, 11, 157, 158, 159
Monteiro, Vicente do Rego, 56
Montesquieu, Charles-Louis de Secondat, barão de, 89
Moreira da Rocha, Limério, 47

Motta, Antonio, 153
Moura Cavalcanti, José Francisco de, 213
Mourão, Gerardo Mello, 175, 176
Mozart, Leopold, 62
Mozart, Maria Anna (Nannerl), 62
Mozart, Wolfgang Amadeus (ou Amadé), 62, 63
Mussa, Alberto, 156

Nabuco, Joaquim, 39, 40, 41, 173, 210, 235, 285
Nakano, Ioshiaki, 128
Nason, Pieter, 69
Nassau-Siegen, Johan Maurits van (João Maurício de Nassau), 65, 66, 69, 71, 163, 164, 165
Neiva, Saulo, 157
Neri, Marcelo, 248
Nery, Ismael, 56
Niemeyer, Oscar, 164
Nino (de Juazeiro do Norte), 239
Nuca (de Tracunhaém), 236, 240

Ogando, Vera, 13
Oliveira Lima, Manuel de, 170
Oquendo, Antonio de (dom), 54

Paes de Barros, Ricardo, 248, 249
Paes Mendonça, João Carlos, 13
Palmeirinha (da Paraíba), 238
Pareto, Vilfredo, 89
Pascal, Blaise, 157, 190
Passarinho (de Pernambuco), 238
Pater, Adriæn Janszoon, 54
Paz, Octavio, 176
Pedro I (dom), 40, 72
Pedro II (dom), 39, 40
Pereira da Costa, Francisco Augusto, 46
Pereira, José Hygino Duarte, 68
Pereira, Paulo Roberto, 37
Péricles, 138, 297
Picasso, Pablo Ruiz, 56
Piedade, Agostinho da (frei), 72

Pierucci, Antônio Flávio, 89
Pizarro, Francisco, 48
Platão, 119
Pombal, marquês de (Sebastião José de Carvalho e Melo), 29, 210
Portella, Eduardo, 37
Post, Frans, 54, 65, 68, 69, 70
Pound, Ezra, 176
Prodi, Romano, 83
Proudhon, Pierre-Joseph, 297

Quevedo, Francisco de, 53, 167
Quintão, Geraldo, 209

Ramos, Nuno, 59
Rangel, Alberto, 149
Ray, Man, 56
Reis Velloso, João Paulo dos, 12, 27, 93, 128, 129, 213, 220, 249, 269
Resende, Antonio Paulo, 153
Rezende, Fernando, 113
Richelieu, Armand Jean du Plessis, cardeal de, 143
Rio Branco, barão do (José Maria da Silva Paranhos Junior), 147
Roberts, J. M., 34, 35
Rocha, Sonia, 251, 252, 255
Rodin, Auguste, 54
Rodrigues, José, 240
Rodrigues, José Honório, 122, 123, 124
Romão, António, 206
Romão, Maurício, 264
Rosa e Silva, Francisco de Assis, 47

Sampaio, Fernando de Arruda, 129
Sampaio, Ivanildo, 13
Sampaio, Yoni, 264
Santeiro, Biu, 236
Santos, José dos, 72, 78, 79
Santos-Dumont, Alberto, 180, 181
Saramago, José, 164
Sartre, Jean-Paul, 183, 184
Schikaneder, Emanuel, 63
Schmitt, Carl, 231

Schwarcz, Lilia Moritz, 29
Sebastião de Portugal (dom), 53
Silva Filho, José Vicente da, 262
Simon, Pedro, 209
Siqueira, Antonio Jorge, 153
Siqueira, Luiz, 213
Smith, Adam, 297, 309
Smith, Zadie, 36
Soares, José Arlindo, 256
Socorro (de Caruaru), 240
Sócrates, 23, 119
Souza Filho, José Alexandrino de, 158
Spengler, Oswald, 297
Stendhal, Henri Beyle, 161
Sterne, Laurence, 161
Sullivan, Anne, 36
Süssmayr, Franz X., 63

Tafner, Paulo, 113
Tiradentes (Joaquim José da Silva Xavier), 39
Tocqueville, Alexis de, 89
Todorov, Tzvetan, 228, 231
Tolosa, Hamilton, 114
Trevi, Carlos Eugenio, 69, 72, 239
Tucídides, 297
Tuma, Romeu, 209

Valadares, Clarival do Prado, 66
Valença, Alexandre, 215
Varejão, Adriana, 59
Vargas Llosa, Mario, 24
Vargas, Getulio, 37, 74, 108, 123, 248, 251, 255
Varnhagen, Francisco Adolfo de, 170
Vasconcelos, Jarbas, 79, 110, 192, 207, 214, 235, 239, 240, 255, 256, 308
Velázquez, Diego, 53, 54
Velloso, Raul, 129
Veloso, Caetano, 173
Verdi, Giuseppe, 60, 61
Vergolino, José Raimundo, 264
Veríssimo, José, 147
Verne, Jules, 180

Vicente, Gil, 167
Vico, Giambattista, 297
Vieira, José Antonio, 240
Vilaça, José de Santo Antônio, 72
Vilaça, Marcantonio, 58, 59
Vilaça, Marcos, 26, 157, 158, 170, 171, 178
Villegagnon, Nicolas Durand de, 158
Vingboons, Joan, 68, 69, 70
Vitalino, 236, 239
Vitorio Emmanuele II, 61
Vitorio Emmanuele III, 210
Von Schkoppe, Sigmund, 32
Von Walsegg, Franz, 63

Weber, Constanze, 63
Weber, Max, 89, 90
Wilson, Thimoty, 76
Wright, Orville, 181
Wright, Wilbur, 181

Xenofonte, 23, 24, 25

Zenóbio da Costa, Euclides, 43
Zerbini, Luiz, 59
Zeri, Frederico, 75, 76
Zurbarán, Francisco, 53

Este livro foi impresso nas oficinas da
Distribuidora Record de Serviços de Imprensa S.A.
Rua Argentina, 171 – Rio de Janeiro, RJ
para a
Editora José Olympio Ltda.
em maio de 2007

*

75º aniversário desta Casa de livros, fundada em 29.11.1931